Katharina Kopp

Biete Erleuchtung, suche Probleme

Eine etwas andere Sicht aufs Leben

Smaragd Verlag

Bitte fordern Sie unser kostenloses Verlagsverzeichnis an:

Smaragd Verlag e.K.
Brückenstraße 25
D-56269 Dierdorf
Tel.: 02689-92259-10
Fax: 02689-92259-20
E-Mail: info@smaragd-verlag.de
www.smaragd-verlag.de

Oder besuchen Sie uns im Internet unter der obigen Adresse und melden Sie sich für unseren Newsletter an.

Erste Auflage: September 2019

Umschlaggestaltung: preData
Satz und Innengestaltung: Gaby Heuchemer
Druck: CPI books GmbH, Leck
ISBN 978-3-95531-186-5

Widmung

Dieses Buch ist für euch, liebe Mama, lieber Papa.

Danke für eure Liebe.

Inhalt

Vorwort

Hallo, du Liebe, hallo, du Lieber,

ich freue mich unglaublich darüber, dass du dieses Buch gefunden hast – oder es dich? Ganz gleich, wie es war, eins kann ich dir schon jetzt sagen: Es ist genau richtig! Du bist ein ganz besonderer Mensch, und warum ich das weiß, obwohl ich dich persönlich womöglich noch nicht gesehen habe, das möchte ich dich in diesem Buch erfahren lassen.

Da dieses Buch vermutlich etwas anders ist als die, die du bisher gelesen hast, habe ich einen großen Wunsch an dich: An dieser Stelle möchte ich mit dir die erste Übung starten; und warum ich dich darum bitte, das wirst du nach und nach beim Lesen verstehen.

Schließe einmal die Augen und atme dreimal tief durch die Nase ein – und durch den Mund wieder aus, und verbinde dich dann mit deinem Herzen. Spüre einmal in dich hinein, diese Wärme und Liebe, die von ihm ausgeht. Verweile ruhig einen Moment darin. Und wenn du das gemacht hast, dann öffne wieder die Augen.

Du hast dich nun mit deinem Herzen verbunden, und jetzt kommt mein eigentlicher Wunsch: Dieses Buch ist aus dem Herzen geschrieben, und um wirklich alle Dimensionen, die dahinterstecken, verstehen und fühlen zu können, ist es wichtig, dass du es mit deinem Herzen liest, beziehungsweise, ich gehe noch einen Schritt weiter: Ich möchte dich bitten, es durch dein Herz zu lesen, die Worte durch dich hindurchfließen zu lassen, und ich verspreche dir, wenn du das spürst, dann kann es der Anfang eines neuen Lebens für dich sein.

Aber fangen wir doch erst einmal von vorne an...☺

***

Bedingungslose Liebe, tiefes Urvertrauen, Erfüllung.

Weißt du, was du bist? Du bist unglaublich wertvoll und trägst ein einzigartiges Geschenk in dir.

Tief im Inneren sind wir alle gleich. Du fühlst, was ich fühle. Du denkst, was ich denke. Aber trotz alledem bist du einzigartig.

Auf der gesamten Welt gibt es keine Person, die die gleiche Kombination aus Wissen, Fähigkeiten und Vorlieben in sich trägt, wie du sie hast.

Ich glaube, dass jeder von uns seine Aufgabe hier auf der Erde hat, und auch du dein individuelles Geschenk in dir trägst, mit dem du deine Erfüllung finden kannst und gleichzeitig das Leben vieler anderer Menschen auf wundervolle Art berührst.

Da du zu diesem Buch gegriffen hast, wirst du dich in der Welt der persönlichen Weiterentwicklung und Spiritualität vielleicht bereits auskennen und womöglich schon einige Dinge, von denen ich hier erzähle, gehört oder vielleicht sogar selbst erfahren haben. Wenn das so ist, dann ist das großartig, denn so wird es dir viel leichter fallen, meine Worte zu spüren und nachzuvollziehen. Und wenn dem nicht so ist, dann ist es genauso gut, denn dann kannst du unvoreingenommen hier herangehen. Egal, wie es ist, ist es gut und richtig so.

Ich möchte es dir mit diesen Zeilen ermöglichen, deine eigene Schwingungsfrequenz zu erhöhen, dein Bewusstsein zu weiten und dich dabei zu unterstützen, dich selbst als das, was du bist, zu erfahren – diese Freiheit, die Grenzenlosigkeit und die bedingungslose Liebe zu spüren. Diese gesamte Welt in dir zu erkennen, die in dir steckt, und dir dann das Leben zu erschaffen, das du leben möchtest.

Es existiert nicht *die eine* Wahrheit. So viele Menschen, wie es gibt, so viele unterschiedliche Sichtweisen, Überzeugungen und somit Wahrheiten gibt es. Wir alle haben unterschiedliche Blickwinkel aufs Leben, die auf unseren jeweiligen Erfahrungen und Erlebnissen, gesellschaftlichen Meinungen und Prägungen und vielem mehr basieren. Da jeder von uns so in seiner individuellen und einzigartigen Wahrheit lebt, und auch unsere Träume und Ziele auf dieser aufbauen, gibt es bestimmte Sätze, die uns dienlich sind und uns weiter zu unserer Wahrheit bringen, uns ein gutes Gefühl verschaffen, und es gibt andere, die uns begrenzen und uns von unserem Weg abbringen.

Genau wie alles, was wir sehen können, sind auch Worte Energie. Energie hat eine Schwingung. Diese Schwingung kann sehr hoch, offen und weit sein, aber auch sehr niedrig, eng und dicht. Solch eine hohe, weitende Schwingung befreit uns, gibt uns gute Gefühle, macht uns glücklich. Und die niedrige, dichte Schwingung grenzt uns ein, lässt Gefühle entstehen, die sich erdrückend oder einengend anfühlen, und ist unangenehm.

Und genau das können wir spüren, denn Gefühle sind die Sprache unserer Seele. Und da unsere Seele immer Wachstum anstrebt, immer nach vorne geht und den direkten Weg zum Licht kennt, dort, wo noch mehr dieser guten Gefühle auf uns warten, sind wir immer gut beraten, ihre Sprache sprechen zu lernen und ihr zu folgen – außer, dir ist dein Leben so noch nicht aufregend genug und du möchtest dir absichtlich Steine in den Weg legen und Umwege gehen. ☺

Wo du diese Gefühle spürst, das kannst nur du selbst herausfinden. Manche spüren sie im Bereich des Herzens, andere hören auf ihr Bauchgefühl. Aber was bei uns allen gleich ist, ist das Gefühl der Weite, der Freude, des Glücks, womöglich ein Vibrieren oder Kribbeln. Und genau das ist es, was dir zeigt: Hey, du bist auf dem richtigen Weg, und das, was du gerade machst, das tut dir gut und unterstützt dich auf diesem Weg.

Und um zur eigentlichen Aussage zurückzukommen: Genau das kannst du bei jedem einzelnen Satz, ja, sogar bei jedem einzelnen Wort fühlen, bei allem, was du machst, denkst, liest, hörst, siehst usw.

Ich möchte dich bitten, dieses Buch mit deinem Herzen zu lesen und anzunehmen, was dir guttut, und weiterzuziehen oder loszulassen, was du nicht benötigst.

Wir können das an einem Beispiel ausprobieren.

Lies einmal, am besten laut, die folgenden Sätze, und spüre in dich hinein, was du in dir wahrnimmst.

- Ich bin erfüllt von Liebe.
- Ich bin glücklich.
- Ich bin wertvoll.
- Ich bin unendlich dankbar.

Lass es einen Moment wirken.

Und dann schau einmal, was sich verändert, wenn du die nächsten Worte liest.

- Ich hasse mein Leben.
- Ich bin wertlos.
- Ich bin hässlich.
- Ich bin dumm.

Und, was spürst du? Und entschuldige bitte diese Verletzung deiner Seele. Ich denke aber, es hat dir nun eindrucksvoll gezeigt, welche Macht Worte auf unser Bewusstsein haben und wie sie deine Gefühlswelt und damit deine Realität erschaffen. Wenn du diese Gefühle bewusst noch nicht kennst, dann solltest du sie dir am besten merken, denn sie sind dein innerer Navigator hin zu deinem persönlichen Glück – oder eben auch Unglück.

Um dich aber wieder auf die richtige Frequenz einzuschwingen, hier noch einmal ein paar kraftvolle, schöne Worte:

- Ich bin unendlich wertvoll.
- Ich bin geliebt.
- Ich bin wundervoll und wunderschön, so, wie ich bin ☺!!

Aufgetankt?!

In diesem Buch möchte ich dir nun auch meine persönliche Lebensanleitung, meine Sicht auf uns, unseren Sinn des Seins, die Welt und vieles mehr verraten, womit ich mein Leben und alles und jeden um mich herum einfach liebe, dem Leben tief vertraue, auf meine Intuition höre und mit ganz viel Freude, Dankbarkeit und Glück im Hier und Jetzt bin.

Wünschst du dir das auch? Dann liegt nun womöglich die passende „Gebrauchsanweisung Leben“ vor dir. Und ob meine

Wahrheit, meine Realität, auch deiner entspricht, und ob dir meine Sichtweisen dienen – oder eben nicht –, dafür kannst du deinen inneren Navigator verwenden. Nimm dir einfach das, was dir guttut und dich wachsen lässt, dich voranbringt, und lass alles weitere an dir vorbeiziehen.

So, nun aber genug an Erklärungen. Jetzt darf der Spaß beginnen.

***

Vor gar nicht allzu langer Zeit habe ich die unfassbare Möglichkeit bekommen, mein Bewusstsein anzuheben, zu weiten und einen Zustand zu erfahren, in dem ich das Leben in einer unbeschreiblichen Schönheit und Vollkommenheit spüren und verstehen konnte, was Leben überhaupt bedeutet, und wer wir in Wahrheit sind.

Ich glaube, es ist Zeit, dieses leichte, lustige, einfach wundervolle Thema auch auf diese Weise darzustellen und zu zeigen, dass es nicht nur wenigen vorbehalten ist, diesen unbeschreiblich schönen Zustand der bedingungslosen Liebe, des Vertrauens, Einsseins zu erfahren, sondern dass es jeder kann und darf, der diese Erfahrung machen möchte – und ja, auch du gehörst dazu! Du bist die einzige Person, die dir Grenzen setzt.

Wie du also nun alle deine Begrenzungen erkennen, auflösen und wieder klarer und freier sehen kannst, wie du dich erkennst und deinen Sinn des Lebens findest, und wie es dir möglich ist, diesen Sinn auch zu leben, das möchte ich dir nun verraten. Und das ist kein leeres Versprechen eines Lebens-Ratgebers, aber die Dimensionen, die hinter dieser Aussage stecken, die möchte ich dich selbst erfahren lassen. Schritt für Schritt.

Ich werde dich nun auf eine Reise mitnehmen. Auf eine Reise, an deren Ende du nicht mehr die Person sein wirst, die du glaubtest zu sein.

Sei gespannt und offen für alles, wirf deine Angst und die anfliegenden Bewertungen über Bord, und du wirst erstaunt sein, wo dich das hinbringt.

Ich wünsche dir ganz viel Freude beim Erwachen. ☺

Das erste Erwachen

Es war ein ganz normaler Tag, ein Tag wie jeder andere. Ich war gerade bei meinen Eltern zu Besuch, als es an der Tür klopfte. Da sich meine Mutter als Homöopathin im Umfeld einiger Alternativmediziner bewegte, lernte ich an diese Tag Conny kennen.

Wie sich in unserem Gespräch herausstellte, war Conny Kinesiologin, machte irgendwas mit Schwingungen, Muskelreaktionen und Unterbewusstsein. Viel mehr verstand ich damals nicht, das war mir aber auch egal, denn in meiner Welt existierte nur eins, und das war die Schulmedizin. Seit meinem dreizehnten Lebensjahr hatte ich einen Traum: Ich wollte Neurochirurgin werden! Und alle Einstellungen, die nicht dazu passten, fielen bei mir durch und bekamen den Stempel „abgehobener Irrsinn“. Ich dachte, ich kannte die Wahrheit. Ich dachte, ich kannte die Realität.

Aber eine Sache, die Conny dann erzählte, zog meine Aufmerksamkeit auf sich. Ganz beiläufig berichtete sie von einer Familienaufstellung, die sie am nächsten Tag geben würde. Und auf einmal hörte ich mich fragen, was das denn sei. Noch verwundert über mich selbst, versuchte ich ihren Worten zu folgen.

Sie erklärte mir, dass wir bestimmte Energien erzeugen, und jeder Mensch ein einzigartiges Energiefeld hat, das ihn umgibt, in dem alle Informationen gespeichert sind, die uns ausmachen, uns als Person, die wir glauben zu sein, und unsere Welt, die wir uns erschaffen haben und in der wir glauben zu leben. Sozusagen: die Bibliothek unseres Lebens.

Während dieser Aufstellungen kannst du ein bestimmtes Thema, etwas, was dich belastet oder was du nicht verstehst, aufstellen. Das kann eine bestimmte ungeliebte Verhaltensweise von dir sein, deren Ursprung du nicht kennst, oder auch Ängste, Streitpunkte, die immer wieder aufpoppen, Süchte und vieles mehr. Kurz gesagt, werden alle Personen, oder auch Gegenstände, Gefühle, Zustände „gefunden“, beispielsweise kinesiologisch ausgetestet, die an diesem Zustand beteiligt oder in irgendeiner Weise wichtig für die Auflösung deines Themas sind.

Sind diese klar, wählt die Person, die ihr Thema aufstellt, Stellvertreter aus. Diese Stellvertreter, diese Teilnehmer, fühlen sich nun in das Energiefeld der ihnen zugeordneten Identität ein und beginnen, miteinander zu interagieren. So werden alle Standpunkte der Beteiligten klar, und es wird nach einer Lösung gesucht, die alle wieder in Harmonie miteinander bringt und so auch das Symptom, das Ursprungsthema, im Ursprung löst.

Irgendwie faszinierte mich, was sie sagte, und wie das Leben so spielt, hatte gerade zuvor jemand abgesagt und seinen Platz freigegeben, und so entschied ich mich, mir das Spektakel einmal anzusehen – natürlich kritisch und ohne große Erwartungen. ☺

Am nächsten Morgen stand ich also wie geplant vor ihrer Haustür. Mein erstes Vorurteil musste sich bereits geschlagen geben, als ich den Raum betrat. Anstelle der erwarteten Hippies und Esoteriker, anstelle einer Sektenveranstaltung, saßen ganz „normale“ Menschen in diesem Raum. Unternehmer, Techniker,

Ärzte, Psychologen – gebildete Leute. Ich dachte nur, wie weit ist es gekommen, dass solche Menschen aus dem realen Leben aussteigen und an so etwas glauben? Energiefelder, Schwingungen, Höheres Selbst. Kurz gesagt, ich war geschockt. Gleichzeitig war es natürlich genau das, was ich brauchte und mich zum ersten Mal aus meinem eingeschränkten Weltbild zog und mich der Möglichkeit öffnete, dass vielleicht ein Funken Wahrheit in dem liegen könnte, von dem mir Conny einen Tag zuvor erzählt hatte. Also ließ ich mich erst einmal darauf ein.

Beim Beobachten der ersten Aufstellung stellte ich mir dann die Frage, ob alle diese Menschen wohl eine abgeschlossene Schauspielausbildung hatten? Eine brach in Tränen aus, ein anderer wurde wütend und laut, lief aufgebracht im Raum herum. Es war ein merkwürdiger Anblick.

Getoppt wurde dies, als ich auf einmal für das Gefühl Liebe stehen sollte. Ich? Liebe?

Schon seit einigen Jahren war ich vollkommen gefühlskalt, spürte keinerlei Emotionen mehr. Liebe war wohl das allerletzte, was ich war und darstellen konnte. Doch auf einmal stand ich auf und „fühlte" mich ein. Was dann passierte, war unbeschreiblich. Mich durchfuhr eine Wärme, die sich nach und nach im gesamten Körper ausbreitete. Meine eingefrorenen Gesichtszüge des krampfhaften Lächelns, das ich seit einigen Jahren trug, wurden weich und wandelten sich in eine tiefe Zufriedenheit. Ich *war* Liebe. Das gesamte Spielfeld änderte sich, und alle Beteiligten reagierten auf die Energie, mit der ich den Raum erfüllte. Ganz automatisch fühlte ich mich zu der Person, die aufstellte, hingezogen und legte ihr meine Hände auf den Rücken. Sie begann zu weinen, all der Schmerz, der sich angestaut hatte, löste sich auf einmal. Auch ihr Körper wurde nach und nach immer lockerer, und dann drehte sie mich um und blickte mir tief in die Augen. Und auf einmal hatte ich das Gefühl, durch ihre Augen durchblicken zu können, bis ins Universum. Sie war wunderschön. Eine Welle der Dankbarkeit überkam mich. Ich war Liebe.

Nach dieser Erfahrung waren meine Zweifel auf einmal beseitigt, und ich wusste, was auch immer das war, und wie auch immer es funktionierte, es war möglich.

Auch während der nächsten Aufstellungen stand ich jeweils für Gefühle wie Liebe oder Stärke. Zu dem Zeitpunkt damals wusste ich nicht, dass du immer eine Rolle bekommst, die du selbst gerade am meisten brauchst und die dir selbst Erkenntnisse bringt. Deine Rolle ist ebenso ein Spiegel deiner Person und zeigt dir, was in dir selbst steckt. Ich aber bezog es auf die Aufstellung und dachte, diese Gefühle würden nicht zu mir gehören.

Eine Denkweise, die fatale Folgen haben kann. Alles, was wir fühlen, egal, wodurch es ausgelöst wird, sind Gefühle, die wir in uns selbst erschaffen. Ein gutes Beispiel dafür sind Drogen.

Wir Menschen sind nicht nach den Drogen süchtig, sondern nach den Gefühlen, die sie auslösen, wie bei jeder anderen Sucht auch. Diese Substanzen, die wir einnehmen, lösen Reaktionen unseres Körpers aus, beispielsweise werden Hormone ausgeschüttet, die eine Welle von Glück erzeugen. Drogen, auch Zigaretten und Kaffee, bewirken also, dass Energie, die in unserem Körper gespeichert ist, im Moment der Einnahme zur Verfügung gestellt wird, sozusagen herausgelöst wird, und so gefühlt werden kann. Diese Energie können wir aber nur empfinden, weil sie bereits in unserem Körper vorhanden ist. Prinzipiell könnten wir nun glücklich sein und wissen: Wow, wenn ich so großartige Gefühle einmal in mir erschaffen habe, dann kann ich das immer wieder, denn wir selbst erzeugen diese Gefühle in uns. Und wenn wir sie fühlen können, können wir sie auch erzeugen.

Nun beziehen wir aber meistens die Gefühle auf etwas im Außen, das dem vorausgegangen ist, und denken dann, wir bräuchten dies, um uns so gut zu fühlen. Und das ist der Beginn einer jeden Sucht. Durchschaue das Spiel und finde den Ursprung in dir, und du bist frei.

Wenn du also spürst, du benötigst etwas im Außen, um ein bestimmtes Gefühl auszulösen, dann beobachte doch beim nächsten Mal ganz genau, woher diese Energie kommt. Wo fängt sie an, und wie breitet sie sich aus? Wenn du das verstanden hast und deine Energiespeicher kennenlernst, dann hast du die Möglichkeit, diese Gefühle jederzeit zu aktivieren und zu spüren, ohne dir und deinem Körper jemals wieder Schaden zufügen zu müssen.

Von dieser Erkenntnis war ich zu der Zeit jedoch noch weit entfernt. Ich bezog das Gefühlte auf die Magie der Aufstellung, dachte, ich hätte einfach nur ein fremdes Energiefeld eingenommen und zum Ausdruck gebracht. Was dann jedoch folgte, überstieg alles, woran ich je gewagt hatte zu glauben.

Während der letzten Aufstellung, als ich die betroffene Person berührte, geschah etwas Unfassbares: Ich begann zurückzureisen, sah Bilder aus ihrer Vergangenheit, kurze Filme von Erlebnissen, sah Geschehnisse aus ihrer frühesten Kindheit.

Erst dachte ich, mein Verstand würde mir einen Streich spielen, und so sprach ich vorsichtig ein paar Dinge an. Was mich erschauern ließ aber war, dass sich all diese Dinge, bis ins kleinste Detail, genauso ereignet hatten. Wieder schob ich es auf die Magie der Aufstellung und brachte es nicht mit mir selbst in Verbindung. Erst als ich genaue Details aus der nächsten Zukunft dieser Person erzählte, von denen fast alle mit ihren Träumen übereinstimmten, und ich beispielsweise den Titel des Buches sah, das dieser Mensch schreiben würde, wurde ich zum ersten Mal aufmerksam und fragte mich – egal, ob Aufstellung oder nicht, wie um Himmels Willen ist das möglich? Mit jedem Detail ihres Lebens, das ich genau schildern konnte, wurden die Augen der Person größer, und auch die der anderen. Am Ende des Tages war ich an einem Punkt angekommen, wo ich nicht mehr wusste, was ich noch glauben konnte.

Ich hatte mir meine Welt der inneren Überzeugungen errichtet, in der ich mein Leben verbrachte. Alles, was dagegen sprach, hatte ich bis dahin erfolgreich ausgeblendet. Sogar der Homöopathie, der Informationsmedizin, die meine Mutter praktizierte, hatte ich nie Glauben geschenkt. Und auf einmal stellte ich all das infrage. Wie viel gab es wohl, von dem ich noch nichts wusste? Was war noch alles möglich?!

Ich hoffte, von Conny Antworten auf meine Fragen zu bekommen, und so vereinbarte ich einen ersten Termin mit ihr. Was ich damals noch nicht ahnte: Es sollte der Beginn einer ganz besonderen Reise sein.

***

Der Weg zur Wahrheit

Die folgenden Tage ließ ich das Erlebte erst einmal sacken. Aber irgendwann packte mich meine Neugierde, und es kam der Gedanke: Was wäre, wenn ich diese Fähigkeiten auch im normalen Leben hätte? Und: Ist das überhaupt möglich?

Diese Frage war der Beginn einer unbeschreiblich faszinierenden und wunderschönen Reise. Ich öffnete mich zum ersten Mal in meinem Leben der Möglichkeit, es könnte mehr existieren, als ich jemals zu glauben gewagt hatte. Mit jedem Tag nahm ich immer mehr wahr, stellte mir wichtige Fragen, probierte aus und wuchs mit jeder neuen Erkenntnis. Es dauerte nicht lange, da konnte ich neben den Bildern, die ich bei anderen sah, auch auf mein eigenes Unterbewusstsein zugreifen und selbstständig tief verwurzelte Überzeugungen aufspüren und transformieren. Alles, was ich sah und erfuhr, prüfte ich augenblicklich nach, las wissenschaftliche Studien, fragte Familie, Freunde und Bekannte, immer noch kritisch, aber jedes Detail stellte sich als wahr heraus.

Drei Wochen später stand dann die letzte Prüfung meines Studiums an. Ich aber steckte mittlerweile mit dem Kopf lieber in Fachbüchern, in der Hoffnung, wissenschaftliche Beweise zu finden, die mir all das erklären würden. Als ich einen Tag vor meiner Prüfung nach Berlin fuhr, hatte ich noch keinen einzigen

Tag in die Vorbereitung investiert. Am Abend vor der Prüfung lag ich im Bett und dachte über den bevorstehenden Tag nach. Angst kam hoch, und ich begann mir Vorwürfe zu machen, weil ich genau wusste, ich würde sie nicht bestehen, denn: Mein Wissen war gleich null!

Auf einmal aber hatte ich eine Eingebung. Wie aus dem Nichts kam der Gedanke: Alles, was ich in den letzten Jahren gelesen, gehört, irgendwie aufgenommen hatte, war doch in meinem Unterbewusstsein gespeichert.

Was wäre, wenn ich diesen Speicher finden, öffnen, und einfach mein Wissen wieder hochholen und anwenden würde? Mir fiel es wie Schuppen von den Augen, dass in mir und in jedem von uns eine ganze Bibliothek an Wissen liegt, dass alles, was jemals passiert ist, was wir gelernt, gesehen, gehört, gelesen und erfahren haben, in unserem Energiefeld, in unserem Unterbewusstsein, gespeichert sein muss. Dass wir alle unser eigenes Wikipedia besitzen, das weitreichender und umfassender ist, als wir es uns jemals vorstellen könnten.

Ich fragte mich also: Warum sollte ich nicht auch das nutzen können? Diese Erkenntnis beruhigte mich ein wenig, und so schlief ich schließlich ein.

Als ich am nächsten Morgen den Prüfungssaal betrat, setzte ich mich auf meinen Platz, schloss die Augen, atmete einige Male tief ein und aus, verband mich intuitiv mit meinem Herzen, und kam vollkommen in mir an. Ich spürte das Vertrauen in mich, baute mich auf, sagte mir, es sei alles in mir, und ich würde es jetzt hochholen. Dann öffnete ich die Augen und las die erste Aufgabe durch.

Was dann passierte, war unglaublich. Ohne nachzudenken, setzte ich den Stift an und schrieb... und schrieb... und schrieb.

Seite für Seite füllte sich so schnell, dass ich gar keine Zeit hatte, überhaupt nachzudenken und den Fluss zu unterbrechen. Mit Anbruch der letzten Sekunden legte ich meinen Stift zur Seite, zwar mit einem Krampf in der Hand, aber auch mit einem unbeschreiblichen Gefühl der puren Erleichterung und des Glücks.

Zwei Wochen später erhielt ich das Ergebnis. Mein Experiment war mehr als geglückt!

Das war der Moment, in dem ich begann, ganz tief zu sehen und zu glauben, dass die Welt viel mehr Möglichkeiten birgt, dass wir alle viel machtvoller sind, als wir es bisher wissen. Und es war der Beginn meines Wunsches, mehr über die Wunder unseres Seins zu erfahren.

***

Alles Energie?!

Wer sind wir denn wirklich? Oder *was* sind wir? Was ist dieses Energiefeld, das uns umgibt?

Um diesen Fragen auf den Grund zu gehen, sollten wir uns ansehen, wer wir denn waren, als wir noch nicht wussten, wer wir sind. Oder vielleicht doch?

Im Bauch unserer Mama wussten wir noch nicht, was uns erwarten würde. Wir hatten noch keinen Namen, keinen Titel, keine Freunde und keine Hobbys. Wer waren wir? Was genau ist eigentlich unsere Identität, und wer sind wir?

Wir schwammen in unserer eigenen kleinen Welt, unserer Blase, in der es immer schön warm und dunkel war. Zwar konnten wir Begrenzungen spüren, aber wussten wir schon, wo unser Körper anfängt und wo er aufhört? Was zu uns und was zur Mama gehört? Wussten wir überhaupt schon, dass wir einen Körper haben? Wir waren untrennbar mit ihr verbunden, waren in ihr, aber waren wir auch sie?

Aber wenn wir uns noch nicht mit diesem Körper identifizierten, wer waren wir dann? Bewusstsein? Ist es das, was wir waren? Aber wo fing es an, und wo hörte es auf, wenn wir noch nicht wussten, dass dieser Körper zu uns gehört? Wo kam dieses Bewusstsein her? Plop, und da war es? Wie entsteht es überhaupt? Und ist dieses Bewusstsein womöglich immer da, unabhängig von dem Körper, den wir nun haben? Aber was ist es dann, was uns so unterschiedlich aussehen und handeln lässt?

Alle diese Fragen waren auf einmal in meinem Kopf. Ich suchte nach Antworten, die mir erklären konnten, woher diese Fähigkeiten kamen, an die ich nie geglaubt hatte, und noch viel mehr. Ich suchte nach Antworten, die mir zeigten, wer ich denn wirklich war.

Im Laufe meiner Recherchen stieß ich auf faszinierende Erkenntnisse. Alles ist Energie. Alles, alles!

Das wirklich zu verstehen fiel mir anfangs gar nicht so leicht. Wie können wir denn nur zu circa 0,000000001 % aus fester Materie bestehen, wenn alles, was ich an meinem Körper sehe und spüre, fest ist? Wie kann denn alles, was ich fühlen und sehen kann, fast ausschließlich aus reiner Energie bestehen?

Und was ist eigentlich mit dem Rest? Was bedeutet der Raum, der 99,999999999% unseres Seins ausmacht? „Raum", was ist das überhaupt? Ist das etwa unser Bewusstsein? Ist es das, was uns alle verbindet? Ist es womöglich sogar der Schlüssel, um zu begreifen, wie und weshalb wir alle miteinander verbunden sind?

***

Einige Monate später.

Es war Freitagabend, und ich lag auf meinem Sofa. Es regnete und wurde von Tag zu Tag immer kälter, der Winter stand vor der Tür. Warm anziehen, Regen, Schnee, Stürme, ich fühlte mich noch gar nicht so weit. In meine Träume vom Sommer versunken, scrollte ich durch Flugangebote in die Sonne. Und siehe da, auf einmal blieb mein Finger über einem Bild hängen.

Thailand, einen Monat, ein unschlagbar günstiges Angebot. Ich konnte es kaum fassen. Ohne zu überlegen, gab ich meine Daten ein, und zehn Minuten später war die Reise gebucht.

Zwei Wochen später ging es los. Mit vielen Fragen im Gepäck, glücklicherweise feinstofflich, denn was ich bei der Buchung nicht beachtet hatte, mit inbegriffen war nur ein Handgepäckstück, stieg ich in den Flieger nach Phuket, auf der Suche nach dem Teil von mir, der ich neuesten wissenschaftlichen Erkenntnissen nach bin, den ich aber nicht spüren und fassen kann. Ich suchte Antworten auf die Frage, warum wir alle verbunden sind, warum wir alle eins sein sollen, obwohl wir doch alle so anders aussehen und uns auch so verhalten. Ich wollte diese Verbundenheit, die ich nur wenige Wochen zuvor in New York gespürt hatte, wieder fühlen. Eine Situation, die mich und mein gesamtes Leben verändert hatte, von der du noch später sehr viel mehr erfahren wirst. Ich wollte den Weg hin zur bedingungslosen Liebe wiederfinden, um mit Antworten zurückzukehren und es jedem von uns zu ermöglichen, diesen unbeschreiblichen Zustand zu spüren, zu sein. Ich suchte Antworten, die ich auch mit meinem Verstand fassen konnte, denn mich komplett auf meine Gefühle zu verlassen, so weit war ich wohl noch nicht.

Innerhalb meiner ersten Tage passierten nach und nach spannende Dinge. Mir schwirrten meine Fragen im Kopf herum. Gleichzeitig begann ich immer mehr von meiner Umgebung wahrzunehmen und zu verstehen. Ich wusste, dass das Außen ein Spiegel meiner inneren Welt ist. Also dachte ich irgendwann, müssten die Antworten auf meine Fragen doch direkt vor meiner Nase liegen. Und genau so war es auch. Meistens sind es nämlich die einfachen Dinge, die für uns selbstverständlich sind und die wir daher nicht hinterfragen, die uns die Geheimnisse des Universums erklären. Im Fall der Schwingung, Energien, Materie und Raum, hat mich das Leben zu folgenden Antworten geführt:

Alles, was existiert, besitzt eine einzigartige Schwingung. Alles im Universum schwingt, alles ist Schwingung. Wir schwingen, unser Stuhl, auf dem wir sitzen, schwingt. Der Apfel, den wir essen, schwingt. Die Worte, die wir lesen, schwingen. Die Gedanken, die wir denken, schwingen. Auch die Luft, die uns umgibt, schwingt. Alles, was existiert, besteht aus dem gleichen „Urstoff", aus diesen Wellen oder auch Teilchen, aus Energie.

Nun ist es aber so, dass wir ja etwas anders aussehen und uns anders verhalten als beispielsweise unser Stuhl oder der Apfel. Und das liegt daran, dass es unterschiedliche Frequenzen der Schwingung gibt, die bestimmte Energiefelder bilden. Keine ist gleich, jedes Individuum, jeder Zustand, alles Existierende besitzt seine einzigartige Schwingung. Das ist der Grund, weshalb wir auf unserem Stuhl sitzen können und nicht einfach hindurchfallen oder uns mit ihm verbinden. Genau das würde nämlich passieren, wären unsere Schwingungen synchron. Unser Stuhl besitzt aber glücklicherweise eine sehr dichte, enge, niedrige Schwingung. Er ist sozusagen komprimierte Schwingung, die so zur sichtbaren Materie wird.

Wir können uns das wie Schnee vorstellen. Jede einzelne Schneeflocke ist wunderschön, leicht und fein und noch dazu kaum sichtbar, wenn sie hinabschwebt. Wie Puder liegt der Schnee auf Büschen und Mauern.

Nun kannst du ihn jedoch sammeln und fest zusammenpressen, beispielsweise zu einer Kugel, einem Schneeball. Dadurch verdichtest du die einzelnen Schneeflocken zu einem festen, großen Klumpen mit neuen Eigenschaften. Er ist nun härter und besser sichtbar, außerdem ist er schwerer, und du kannst ihn meterweit werfen.

Du hast somit aus einem Zustand einen anderen erschaffen, feine Energie, feine Schwingung gebündelt, komprimiert, zusammengepresst und daraus feste, sichtbare Materie mit neuen Eigenschaften erschaffen.

Je dichter also Energie ist, desto grobstofflicher ist sie und desto einfacher können wir sie wahrnehmen und mit unseren Sinnen erfassen.

Dieses Bild zeigt nun also schon einmal, wie es sein kann, dass bestimmte Dinge sehr hart, fest und undurchlässig sind, Stein und Glas zum Beispiel, und andere durchlässiger und weniger fest, wie Wasser, oder auch Obst. Je härter ein Stoff ist, desto dichter und komprimierter ist die Energie, die dieses Energiefeld formt.

Nun ist es aber so, dass wir, der Wissenschaft zufolge, fast ausschließlich aus Raum bestehen, aus Energiefeldern, Schwingung und nur ein Bruchteil dessen wirklich feste Materie ist. Um das zu begreifen, habe ich mich von einer Gruppe Radfahrer inspirieren lassen, die an mir vorbeiflitzten, als ich gerade von meiner morgendlichen Joggingtour zurück zum Hotel lief. Sie fuhren so schnell, dass die Räder aussahen, als würden sie aus einer geschlossenen Fläche bestehen, und auf einmal hatte ich einen dieser großartigen Aha-Momente.

Wir kennen ja alle Fahrräder. Sie haben dünne Speichen, und dazwischen ist sehr viel Raum. Wenn wir nun aber an einem Gefälle stehen und Radfahrer beobachten, oder ein Rennen sehen, dann sieht es aus, als würde das einzelne Rad aus einer geschlossenen Fläche bestehen. Das Rad dreht sich dabei so schnell, dass wir den Raum dazwischen mit unseren Augen nicht mehr erfassen können, und es für uns so aussieht, als wäre das Rad durchgängig, was es aber natürlich nicht ist. Dazwischen liegt immer noch derselbe Anteil an Raum. Versuchen wir jedoch nun, durch die Speichen hindurchzufassen, wird es aufgrund der schnellen Bewegungen nicht mehr möglich sein. Aus dem Raum ist eine spürbare und sichtbare Fläche geworden.

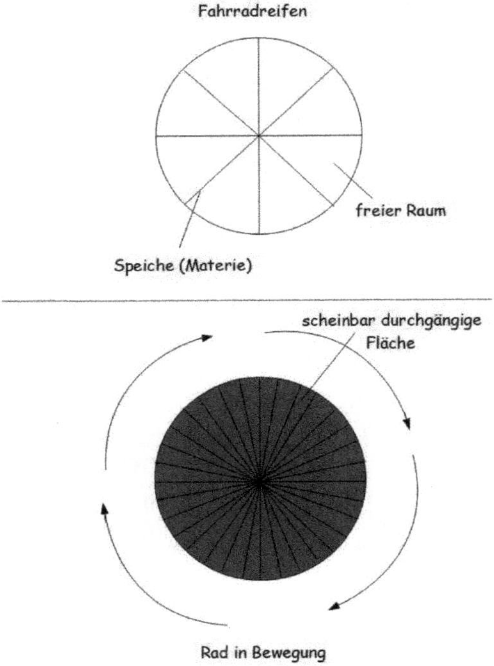

So, oder zumindest so ähnlich, läuft es auch in unserem Körper ab. Auch wir bestehen nur aus diesem geringen Anteil an Materie, der von Raum umgeben, beziehungsweise von Raum erfüllt ist.

Was wir alle ja aus dem Biologieunterricht wissen, ist, dass wir Menschen aus Zellen bestehen. Diese wiederum bestehen aus Molekülen, diese aus Atomen, dann Protonen, Neutronen, Elektronen, und zuletzt aus Quanten. Quanten sind die kleinste Einheit, die wir bisher entdeckt haben. Alles, was existiert, besteht letztendlich aus dieser einen Urenergie, aus denselben Teilchen, aus Quanten. Diese Quanten haben eine Masse, die zwar größer als null ist, jedoch existiert keine Zahl, die so klein ist, um die Masse dieser Quanten zu beschreiben. Quanten bewegen sich in diesem Feld in Lichtgeschwindigkeit, und das so schnell, dass es wirkt, als seien sie gleichzeitig überall. Alle Energie unseres Körpers ist also in ständiger Bewegung, weshalb es uns möglich ist, uns selbst und Zustände im Außen als feste Materie wahrzunehmen und damit zu arbeiten.

Damit war mir nun klar, weshalb wir Materie als solche sehen und spüren können. Was dieser Raum aber nun wirklich ist, woher er kommt und wohin er geht, das sollte ich erst einige Wochen später erfahren...

***

Das Ich und das Selbst

Ich wüsste zu gern, was uns durch den Kopf geht, wenn wir geboren werden, unsere Augen öffnen und unsere Umwelt zum ersten Mal sehen. Es geht alles sehr schnell, viele Eindrücke überschlagen sich, wir werden gepresst, gezogen, es wird hell, und Kälte schlägt uns entgegen. Wir werden hochgehoben, abgerubbelt und körperlich von unserer Mutter getrennt, die letzte Verbindung, die uns physisch blieb, wird zerschnitten. Zuvor lebten wir in unserer kleinen, warmen Welt, nichts blendete uns, wir wurden mit Nahrung, mit Energie versorgt, ohne selbst irgendetwas dafür tun zu müssen, wir konnten uns einfach entspannen und *sein*. Ob es noch etwas anderes gibt, das wussten wir nicht, denn wir kannten nur unsere schöne, kleine, warme Welt.

Doch auf einmal waren wir zwar noch da, aber woanders und getrennt von allem, wovon wir bisher dachten, dass wir das wären. Wir lernten unseren Körper kennen, spürten Berührungen unserer physischen Existenz und bekamen einen Namen.

Aber *sind* wir nun dieser Körper und dieser Name? Oder *bekommen* wir ihn lediglich? Wer waren wir denn, bevor wir unseren Körper als unseren identifizieren konnten? Wer waren wir, als wir noch keinen Namen hatten?

Es ist ein bisschen so wie ein Haus, das ja auch einer Straße zugeordnet ist und eine Nummer hat. Trotz alledem leben wir in dem Haus, sind aber nicht dieses Haus. Und unser Haus ist einfach nur ein Haus, dem eine Nummer zugeordnet ist und das in einer Straße steht, es ist aber nicht die Nummer und auch nicht die Straße. Wenn wir also nicht dieser Körper und dieser Name sind, was sind wir dann? Sind wir noch immer das Bewusstsein, von dem wir kamen? Und wo fängt es an, und wo endet es eigentlich?

Fragen, die auf einmal in meinem Kopf herumschwirrten. Dieser Raum, der wir sind, ist das unser Bewusstsein? Aber wenn wir alle aus demselben Raum bestehen, aus dem, der uns zudem noch umgibt, dann hieße es ja, wir wären alle gleich. Und nicht nur das, es hieße, es gäbe keinen Anfang und kein Ende von uns. Es hieße, wir wären ein Raum, ein Raum, der überall ist, ein Raum, der alles ist, was existiert, was wir sehen und eben nicht sehen. Das hieße ja, wir wären alles, was existiert, und untrennbar miteinander verbunden. Gleichzeitig würde das bedeuten: Geht es dir nicht gut, dann geht es mir nicht gut. Strahlst du, dann beginne auch ich zu leuchten. Ändert einer von uns seine Energiefrequenz, hat das Auswirkungen auf alle. Erhöhen mehrere ihre Frequenz, schwingt alles um sie herum automatisch mit höher.

Der Raum.

Wie können wir diesen Raum spüren? Und gehen wir davon aus, alles im Universum sei Raum, wer ist dann Gott? Du kannst es auch Allah, Buddha oder „Die Quelle“ nennen. Was wäre das? Wenn alles alles ist und gleichzeitig nichts. Wenn diese Quelle, Gott, auch dieser Raum wäre, keinen Anfang und kein Ende hätte, reines Bewusstsein wäre. Kann es dann sein, dass wir selbst Gott sind? Dass wir untrennbar mit dieser Kraft verbunden sind? Dass sie uns umgibt, und das zu jeder Zeit? Dass sie durch uns durchfließt? Dass wir sie sind? Und hieße das, wenn wir diesen Raum in uns finden und spüren würden, wir dann die Möglichkeit hätten, unser höchstes Bewusstsein zu fühlen? Können wir dazu werden? Fragen über Fragen...

Wer bist du? Wer bist du wirklich? Womit hast du dich bislang identifiziert? Eine Frage, die alles in meinem Leben verändert hat. Es war der Beginn meines Erwachens und der Start einer wundervollen Reise.

Nach unserer Geburt lernen wir also zuerst einmal die Welt kennen, in der wir nun leben. Wir erfahren die Trennung und die Individualität, die unsere Dualität mit sich bringt. Lernen uns als getrenntes Wesen kennen, was einen Anfang und ein Ende hat. Bisher waren wir reines Bewusstsein, alles, was existiert, mit allem verbunden. Wir waren die Quelle und uns dessen bewusst. Auf einmal aber sind wir anders. Wir bekommen Teile, die um ein Vielfaches niedriger schwingen, die dichter sind. Wir sind nicht mehr grenzenlos und weit, sondern begrenzt und dicht. Unser Bewusstsein komprimiert sich immer mehr, um sich unseren physischen Formen anzupassen, also dem, mit dem wir uns immer mehr identifizieren. Und so entwickelt sich nach und nach eine zweite Stimme: das Ich.

Bis zum dritten Lebensjahr erkennen sich Kinder meist noch nicht selbst im Spiegel. Sie lernen zwar, mit dem Körper umzugehen, den sie nun bewohnen, identifizieren sich jedoch noch nicht mit ihm. Bis zu unserem dritten Lebensjahr leben wir also noch im Bewusstsein unseres Selbst, in unserem göttlichen Bewusstsein, wer oder was wir in Wahrheit sind.

Nach und nach verändert sich das aber. Wir lernen, dass wir nun einen Namen haben, der uns von anderen unterscheiden soll. Wir lernen, dass wir einen Körper „besitzen", der uns von der Umwelt trennt. Wir wollen leben, er-leben, Spaß haben, und bekommen Grenzen gesetzt. „Nicht die Herdplatte anfassen!", „An der Straße gehst du nur an meiner Hand!", „Diese Schublade ist für dich tabu!"

Wir lernen, dass wir, wenn wir bestimmte Dinge tun, gelobt werden, aber für andere bestraft. Wir lernen, dass wir vor bestimmten Menschen oder Situationen Angst haben sollen, und anderen wiederum vertrauen können. Wir erkennen, dass es in dieser Welt ein Gut und ein Schlecht gibt, ein Richtig und ein Falsch. Wir lernen, dass wir „brav" sein sollen, weil man uns dann Liebe schenkt. Wir sehen, dass nichts grenzenlos und bedingungslos vorhanden ist und wir es uns erarbeiten müssen, etwas leisten müssen, um etwas zu bekommen. Je härter der Weg ist, desto mehr Wert wird dem Ergebnis beigemessen. Das pure Sein zählt nicht. Man liebt einen Menschen nur, wenn er etwas tut, was uns gefällt. Das ist nicht die Art von Liebe, die wir ursprünglich kennen. Dort, wo wir herkommen, gibt es keine Bedingungen, dort gibt es kein Richtig und Falsch, dort ist jeder und alles geliebt und richtig so, wie er ist. Dort herrscht Fülle.

Aber nun verstehen wir, hier kommen wir mit diesem Bewusstsein nicht weiter. Zum ersten Mal trennen wir uns davon ab und lassen die Dualität nach und nach in unser Leben. Wir denken, wenn wir hier überleben wollen, dann müssen wir uns anpassen und von denen lernen, die es geschafft haben und scheinbar wissen, wie Leben funktioniert. Also vertrauen wir auf alles, was uns unsere Vorbilder wie Eltern, Geschwister, oder auch Erzieher und Lehrer sagen.

Ganz besonders innerhalb unserer ersten sechs Lebensjahre saugen wir so alle Erfahrungen und Erlebnisse wie ein Staubsauger auf und speichern sie ab. Und mit jeder neuen Erfahrung erschaffen wir so Tag für Tag eine neue Ich-Identität. Wir bekommen einen Namen, sehen unseren Körper, fangen an, uns zu vergleichen, uns selbst einzuordnen, beginnen, unsere Persönlichkeit und Identität zu erschaffen und so ein Bild von uns zu erstellen, mit dem wir uns fortan identifizieren.

***

Das Tor zurück zu dir

Diese Erkenntnis hat mich zuerst sehr traurig gemacht, und ich habe mich gefragt: „Bin ich nun für immer in meiner Ich-Identität gefangen? Oder gibt es einen Weg zurück? Zurück zur Einheit, zurück zur Bedingungslosigkeit, zur Grenzenlosigkeit, zur Liebe?"

Eins kann ich schon mal vorwegnehmen: Ja, diesen Weg gibt es definitiv, und jeder von uns hat ihn! Wir haben nämlich zwei großartige Werkzeuge mit an die Hand bekommen, und das sind unser freier Wille und unser Herz, unsere Intuition.

Wie du bereits weißt, besitzt alles seine einzigartige Schwingungsfrequenz. Auch unser Herz schwingt und hat ein eigenes Bewusstsein, mit dem es – losgelöst vom Gehirn – wahrnehmen, verarbeiten und erschaffen kann. Das Resultat erkennen wir dann an unseren Gefühlen und den darauf aufbauenden Handlungen.

Unser Herz ist immer für uns da, nimmt die Energien aller Schwingungen auf und wandelt sie für uns spürbar in Emotionen um. Das können zum einen unsere Gedanken sein, also die Schwingung, die unser Gehirn aussendet, aber auch Texte im Außen, Gespräche, Stimmungen anderer Menschen und so vieles mehr, denn all das besitzt eine eigene Schwingung. Unser Herz ist sozusagen ein Multi-Übersetzer aller Schwingungen. Ziemlich genial, nicht wahr?

Nun könnte man denken, wir haben doch unsere fünf Sinne, warum soll ich denn dann mit dem Herzen wahrnehmen? Natürlich nehmen wir bereits viel über unsere fünf Sinne wahr, die sozusagen die Angestellten unseres Gehirns sind. Sie nehmen wahr und leiten alle ihre Informationen weiter zum Boss, zum Gehirn. Das verarbeitet dann in Millisekunden Schnelle die Informationsflut und richtet die Gedanken und Handlungen danach aus. Jedoch hat unser Gehirn einen gewissen Nachteil.

Du kennst sicher das Phänomen der „stillen Post". Je mehr Schritte zwischen Ausgangszustand und Endergebnis liegen, desto ungenauer wird die übertragene Information. Das passiert auch hier, denn unser Gehirn steht am Ende einer langen Kette unterschiedlicher Informationsträger. Es selbst kann also gar nicht wahrnehmen, sondern nur verarbeiten. Es sitzt in seinem Büro, abgeschottet von allem Leben und all den Geschehnissen. Das Einzige, was ihm die Möglichkeit gibt, sich ein Bild vom Außen zu machen, das sind seine Angestellten, unsere fünf Sinnesorgane. Jedes dieser Organe hat seine eigene Leitung, die es mit dem Gehirn verbindet, und leitet nun pausenlos alle seine Wahrnehmungen ungefiltert an den Boss weiter.

Nun dürfen sie selbst aber keine Handlungen ausführen, ohne einen klaren Befehl des Gehirns zu bekommen.

Da unser Gehirn jedoch selbst nicht am Geschehen teilnehmen kann, aber eine sofortige Reaktion gefordert ist, hat es vorgearbeitet. Es hat sich seit unserer Geburt ein ganzes Archiv angelegt mit Geschehnissen und Reaktionen. Ist uns damals etwas passiert, dann hat es einen Handlungsweg vorgeschlagen. Haben wir überlebt, dann hat das Gehirn diesen Weg als „richtig" abgespeichert. Da es nur Richtig und Falsch kennt und mehrere „richtige" Möglichkeiten ein reines Chaos auslösen würden, ist automatisch jede andere Möglichkeit der Reaktion ausgeschlossen.

Es hat also Kassetten mit Reaktionen, Schlussfolgerungen, Bewertungen und Überzeugungen archiviert, und sobald nun eine neue Information übertragen wird, sucht es kurz im Archiv nach der passenden Reaktion, mit der es die Information abgleicht, zieht die Kassette aus dem Regal und legt sie ein, um das bekannte Programm der Reaktion abzuspielen. Dass das jedoch nicht unbedingt die beste Wahl ist, das weiß wohl jeder von uns.

Kennst du das, wenn du dich auf einmal angegriffen fühlst, dich etwas zum Weinen bringt oder explodieren lässt, und du weißt eigentlich gar nicht, warum? Genau das ist die Welt deines Unterbewusstseins, die größtenteils bis zu deinem sechsten Lebensjahr programmiert wurde...

Man könnte sagen, sobald wir zur Schule gehen, fangen wir also an, nur noch zu re-agieren, anstatt zu agieren. Wir spielen nur noch die bekannten Programme ab, die wir sorgfältig gespeichert haben. Da 95-99% dessen, was wir denken, fühlen oder tun, aus unserem Unterbewusstsein resultiert, angelegt in den ersten sechs Lebensjahren, erklärt sich wohl auch der Begriff „Inneres Kind“ von ganz allein. Solange wir uns unserer Muster nicht bewusst werden, denken, fühlen und handeln wir ausschließlich aus dem Bewusstsein unserer frühesten Kindheit.

Kennst du die Geschichte von dem kleinen Elefanten?

Als ich eine Zeit lang im thailändischen Dschungel zusammen mit den Mahouts und ihren Elefanten lebte, habe ich es selbst erfahren. Alle Elefanten trugen an einem Bein eine Kette. Jedoch lagen diese Ketten unbefestigt am Boden. Die Kette des kleinen Elefanten aber war an einem Pfahl festgebunden. Er hat sich dagegen gewehrt, hat versucht, sich loszureißen, und es ging ihm sichtlich schlecht. An meinem zweiten Tag habe ich mit einem der Mahouts gesprochen und ihn gefragt, weshalb sie ihn nicht laufen lassen. Ich war mir sicher, er würde seine Herde nicht verlassen. Da erzählte dieser mir, dass sie alle Elefantenjungen anbinden. Anfangs testen sie ihre Grenzen aus. Nach einiger Zeit jedoch verstehen sie, dass es unmöglich ist zu entkommen, und die Fluchtversuche ihnen nur Schmerzen bringen. Sie lernen also den Radius kennen, in dem sie sich schmerzfrei bewegen können. Irgendwann wären sie zu stark und es gäbe keine Möglichkeit mehr, sie zu halten. Daher beginnt man von klein auf, ihnen ihren Radius einzuprägen, dem sie sich zu fügen haben. Wenn sie dann ausgewachsen sind und die Kette an ihrem Bein angelegt wird, wissen sie sofort, dass sie sich nun nicht mehr frei bewegen können. Die Schmerzen ihrer Kindheit, die sie bei ihren Ausbruchsversuchen erleiden mussten, sind ihnen so präsent, dass sie keinen weiteren Versuch wagen, aus Angst, wieder verletzt zu werden. Dabei sehen sie jedoch nicht, dass heute ganz andere Voraussetzungen bestehen als damals. Sie glauben, sie seien ihrem Schicksal ausgeliefert und könnten es nicht ändern.

Ein Verhalten, das wir wohl alle sehr gut kennen. Denn genau das ist die Welt unserer Glaubenssätze und inneren Überzeugungen, die unser Weltbild formt. Da sie in unserem Unterbewusstsein als „Wahrheit“ abgespeichert sind, hinterfragen wir sie auch Jahre später nicht, sondern handeln unbewusst, wie wir es damals gelernt haben.

Unsere Hände können nur fühlen, aber nicht riechen, sehen, schmecken oder hören. Ihre Wahrnehmung ist also sehr begrenzt. Sie nehmen die Welt nur aus ihrer Perspektive wahr und leiten das Wahrgenommene weiter. Genauso unser Mund, unsere Nase, die Ohren und die Augen. Jeder von ihnen kennt nur einen Teil der Realität und ist somit ein recht eingeschränkter Beobachter und Erfasser. Dazu kommt, dass sie alle ihre Wahrnehmungen erst zum Gehirn leiten, das daraufhin mit seiner Arbeit beginnt und die richtige Kassette heraussucht, einlegt und damit die Reaktion einleitet. Es selbst nimmt aber niemals eigenständig wahr, sondern verlässt sich auf seine Angestellten, die alle ihre gewissen Handicaps haben...

Der Verstand lebt also nur in der Vergangenheit, indem er alte Programme abspielt, oder in der Zukunft, indem er die abgespeicherten Erfahrungen und Schlussfolgerungen auf die Zukunft projiziert und auf dieser Grundlage Zukunftsszenarien erstellt.

Das Herz hingegen nimmt Schwingungen direkt auf, denkt nicht erst über das Erlebte nach, bewertet es nicht, sondern transformiert das Empfangene in für uns spürbare Gefühle. Klarer und genauer werden wir die Realität in unserer Dreidimensionalität wohl nicht erfassen können. Das Herz lebt im Hier und Jetzt. Das Herz ist unser Zugang zu unserem höchsten Selbst, zu unserem göttlichen Bewusstsein.

Wie Antoine de Saint-Exupéry bereits sagte: „Man sieht nur mit dem Herzen gut. Das Wesentliche ist für die Augen unsichtbar."

Forscher des HeartMath Instituts fanden heraus, dass unser Herz ein bis zu 5000 Mal stärkeres elektromagnetisches Feld erzeugt als unser Gehirn. Es hat also eine um ein Vielfaches stärkere Schwingung, mit der es erfassen, verarbeiten und verstehen kann. So eröffnet es uns die Möglichkeit, unser Bild der Realität zu erweitern und mit seiner Hilfe auf weiteren Ebenen des Bewusstseins wahrzunehmen. Denn wir nehmen immer nur Zustände auf der Ebene wahr, auf der wir selbst schwingen. Unsere Schwingung erzeugt also unseren Fokus.

Unser Herz hat die Möglichkeit, unser Bewusstsein durch seine Schwingung wieder auf die Ebene zu bringen, die unserem Ursprungsbewusstsein entspricht.

Und das Herz ist ja bekanntlich ein Muskel. Damit Muskeln ihre volle Leistung erbringen, müssen sie gefördert und trainiert werden. Und gefüttert.

Im Falle unseres Herzens passiert das beispielsweise durch Meditationen, durch Unternehmungen in der Natur, durch Treffen mit Freunden, durch alles, was uns Spaß macht und was wir lieben und folglich bei uns angenehme Gefühle entstehen lässt. Jedes angenehme Gefühl erhöht unsere Schwingungskraft, ist Futter für das Herz, Futter für die Seele. Jeder Gedanke hat eine Schwingung, jedes Wort, jede Handlung – alles hat einen Einfluss auf unsere Schwingung und somit auf unser Bewusstsein. Wollen wir unser Bewusstsein also wieder weiten, dann sollten wir unsere Gedanken und Handlungen, alles, was wir in uns hinein und aus uns herauslassen, der Frequenz anpassen, die wir annehmen und sein wollen. Und je mehr Lebenszeit wir mit diesen schönen Dinge füllen, desto mehr schwingt sich unser Herz ein und nimmt so eine neue Ebene der Wahrnehmung ein. Unsere Bewusstseinsebene steht nämlich im direkten Zusammenhang mit unserer Schwingungsfrequenz.

Wir kennen es alle vom Schaukeln. Wir beginnen unten, und es läuft von allein. Wir müssen zwar erst einmal selbst ein bisschen Energie reinstecken, um die Schaukel zum Schwingen zu bringen. Aber je höher sie schwingt, desto mehr Spaß macht es, und desto einfacher läuft es. Genau so funktioniert die Schwingung in unserem Herzen.

Unser Gehirn ist jedoch ein großartiges Werkzeug, denn sobald wir seine Muster durchschaut haben, haben wir die Chance, diese zu transformieren und neue, positive und stärkende Glaubensmuster anzunehmen. Wie genau, das kommt später. Jedoch sollten wir ihm besonders am Anfang nicht immer zu viel Glauben schenken und es nicht allzu ernst nehmen.

Wenn du die Realität erfassen möchtest, dann spüre in dich hinein und höre auf dein Herz. Und versuche bloß nicht, erst mit dem Verstand zu bewerten und dann in die Bewertung hineinzuspüren. So entsteht meist eine verschobene Sicht auf die Realität. Wir begrenzen uns selbst, wenn wir glauben, unser Blickwinkel sei alles, was existiert. Du hast aber jederzeit die Möglichkeit, deine alten Muster zu überschreiben, sie loszulassen und neue zu programmieren, und danach sorgt dein Verstand für ein stabiles Fundament, das dir in schweren Zeiten Halt gibt.

Ich setze meinen Verstand dafür ein, um dorthin zu kommen, wohin mein Herz möchte. Das Herz ist unser Tor zu neuen Bewusstseinsebenen.

Hier, in unserer Dreidimensionalität, herrscht diese niedrige, dichte Schwingung, was auf der einen Seite auch ein großes Geschenk ist, denn sonst könnten wir nicht im physischen Körper existieren. Jedoch begrenzt uns diese Schwingung ebenso erst einmal auf die Wahrnehmungskanäle unserer fünf physischen Sinne.

In höheren Frequenzbereichen und mit einem erweiterten Bewusstsein haben wir jedoch die Möglichkeit, weitere, feinstoffliche Sinne wieder zu aktivieren. Wir können beispielsweise, erhöhen wir unsere Schwingung, telepathisch kommunizieren, andere Energien feinerer Dimensionen wahrnehmen und bewusst mit ihnen arbeiten, können Krankheiten direkt heilen, und ebenso Wesen höherer Schwingung wahrnehmen. Das ist unsere Welt, die uns umgibt und die den meisten von uns heute noch unbekannt ist. Je weiter unser Bewusstsein also wird, je mehr Dimensionen und Ebenen wir kennenlernen, desto feiner und ausgeprägter werden auch unsere Sinne, mit denen wir unsere Realität erschließen und erweitern können.

Kennst du die Hundepfeife?

Wir selbst können sie nicht hören, da unsere Wahrnehmung auf einen bestimmten Frequenzbereich beschränkt ist. Hunde hingegen können ganz andere Frequenzen wahrnehmen und so den Ton hören. Nur weil wir ihn nicht wahrnehmen, heißt es jedoch nicht, dass er nicht existiert. Genauso haben alle unsere Sinne nur einen bestimmten Bereich von Schwingungsfrequenzen, von Energien, die sie wahrnehmen. Auch mit unseren Augen erfassen wir nur einen winzigen Bereich des gesamten Lichtspektrums. Alles, was wir also als Materie sehen können, ist sozusagen komprimiertes Licht, beziehungsweise ein bestimmter Lichtbereich niedriger Schwingung, der dem unserer Augen gleicht.

Das Tor zu einer erweiterten Realität bildet also unser Herz, da wir mithilfe unseres Herzens unsere Schwingung erhöhen können und so neue Ebenen erreichen, sich uns neue Dimensionen erschließen.

Albert Einstein war seiner Zeit damals sehr weit voraus. Die wahre Bedeutung seiner Worte beginnen wir erst jetzt zu verstehen, und ich glaube, dass sich dahinter noch viel mehr Dimensionen verbergen, als wir momentan erfassen können.

Auch er sagte schon damals: „Es ist absolut möglich, dass jenseits der Wahrnehmung unserer Sinne ungeahnte Welten verborgen sind."

Wenn wir bei vollkommener Dunkelheit draußen sind, sehen wir nichts. Nur weil wir unsere Umgebung vom Tag kennen, wissen wir, dass mehr existiert. Setzen wir nun aber eine Infrarotbrille auf, sehen wir auf einmal viel mehr, obwohl sich an den äußeren Umständen nichts verändert hat. Genauso leben wir auch tagsüber. Wir sehen nur, was unsere Augen auf physischer Ebene zulassen. Das an sich ist erst einmal kein Problem. Jedoch schränkt es unsere Realität stark ein, weil wir glauben, das sei alles, was existiert. Wir denken ja auch nicht, nachts würde sich die Welt verändern, nur weil unsere Sinne sich der Dunkelheit nicht angepasst haben.

Sobald wir uns der Vorstellung öffnen, es könnte mehr real sein, als wir bisher wahrnehmen, öffnen wir ein Fenster, eine Möglichkeit, die, kombiniert mit der Veränderung unserer Schwingung, nach und nach unser Bild der Realität erweitert.

***

Unser Navigator zum Glück

Sobald wir unserem Herzen vertrauen und lernen, auf seine Stimme zu hören, werden wir stetig wachsen und zu unserem ursprünglichen Zustand zurückkehren.

Das können wir uns wie eine Luftblase vorstellen. Im Ursprung sind wir Luft, Raum. Luft ist überall, und wenn wir Luft zwischen ganz viel anderer Luft sind, es also nichts anderes als Luft gibt, dann wissen wir nicht, wo wir anfangen, und wo wir aufhören. Kurz gesagt, wir wissen gar nicht, was wir in Wahrheit sind, da wir keinen anderen Zustand kennen.

Um uns nun als solches zu erfahren – als das, was wir sind –, müssen wir kennenlernen, was wir *nicht* sind. Luft ist frei, weit, überall. Um den Unterschied zu kennen und unsere wahre Freiheit, die Verbundenheit mit Allem-was-ist, schätzen und wahrhaft spüren zu können, müssen wir uns erst einmal begrenzen, indem wir zum Beispiel die Entscheidung treffen, uns als Teil von Allem-was-ist abzutrennen und als Luftblase tief ins Meer hinabzutauchen. Da wir aber von Natur aus so leicht sind, dass wir schnell wieder aufsteigen und wieder zur Einheit mit allem verschmelzen würden, legen wir uns auf den Weg ein paar Hindernisse – Aufgaben, die wir erfüllen möchten, um weiter nach oben zu steigen; Erkenntnisse, die wir erlangen wollen, um uns zu erfahren und zu wachsen.

Wir kennen es vom Tauchen: Je tiefer wir gehen, desto höher ist der Druck. Je höher wir aufsteigen, desto angenehmer und freier fühlt es sich an. Je höher wir steigen, desto heller wird es und desto mehr können wir von uns selbst und unserer Umgebung wahrnehmen.

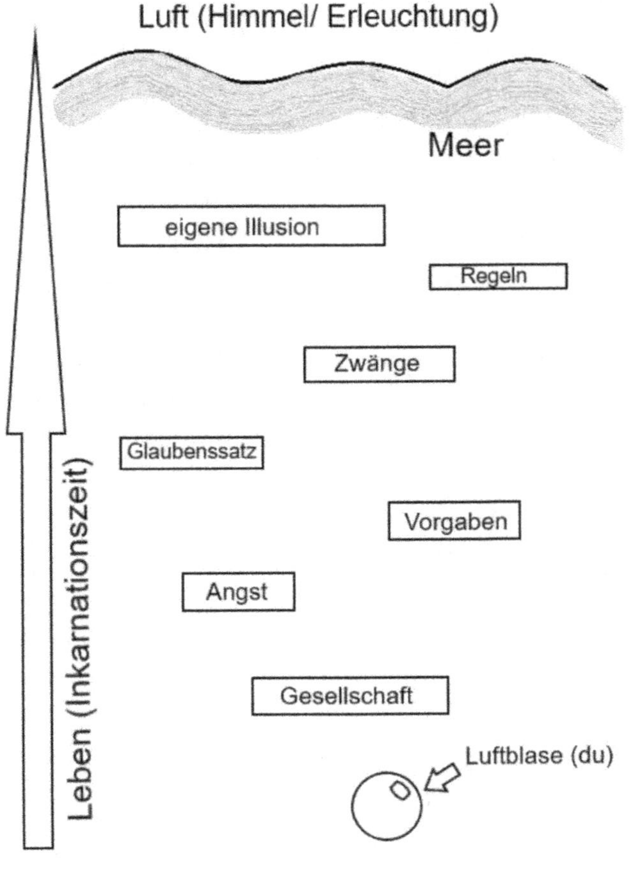

Unser Ziel ist es aber, uns zu erfahren und zu spüren, wer wir wirklich sind, wenn wir aus der Begrenzung wieder in die grenzenlose Freiheit treten. Es geht also nicht darum, so schnell wie möglich irgendwie durchzukommen und aufzusteigen. Das Leben ist ein Geschenk an Erfahrungen, um zu wachsen, zu leben und zu erleben. Jeder Moment, den wir erleben, hält eine Erfahrung für uns bereit, die uns in unserer Vollkommenheit erfahren lässt. Jede Sekunde ist wunderschön.

Manchmal sind wir aber noch am Anfang und von Dunkelheit umgeben und können nicht sehen, dass bereits alles da ist. Aber alles, was uns umgibt, ist für uns. Wir erschaffen es selbst. Alles ist unsere freie Wahl. Wir allein entscheiden, wie lange wir an einem Zustand festhalten möchten und wann wir bereit sind, ihn uns anzuschauen und ihn anzunehmen, zu lieben und dankbar für diese Erfahrung zu sein. Und wenn wir das begriffen haben, dann kann uns nichts mehr passieren. Wir können vertrauen, denn das Leben ist immer *für* uns. Wir sind nie davon getrennt, sondern wir entscheiden jederzeit selbst, in welchen Zustand wir uns begeben wollen. Denn wir selbst sind die Schöpfer unseres eigenen Lebens.

***

Der Herzöffner

Es gibt eine Erfahrung, die jeder von uns machen wird oder bereits gemacht hat, denn, wie ihr wisst, gibt es in unserem Leben nicht nur Höhen, sondern auch Tiefen. Und eine Herausforderung, die wir kennen und die es zu meistern gilt, ist Schmerz zu empfinden. Es kann sein, dass wir verlassen werden, dass wir Ablehnung erfahren, einen geliebten Menschen verlieren oder ausgeschlossen werden. All diese Situationen sind sehr schmerzhaft und lösen Trauer, Selbstzweifel, Ängste und vielleicht auch Wut in uns aus. Halten wir diese Gefühle nun zurück und leben sie nicht aus, dann bleiben sie in unserem Energiefeld. Mit „ausleben" meine ich nun natürlich nicht, unsere Wut an anderen oder uns selbst auszulassen. ☺

Solange wir unsere Gefühle wegschieben oder festhalten, werden wir sie nicht verstehen und ihre wahre Essenz, die Erfahrung, die es zu machen gilt, nicht er-leben. Anstatt uns zu stärken und wachsen zu lassen, schwächt es uns. Und um diese Gefühle nicht mehr zu sehen, nicht mehr spüren zu müssen, bauen wir uns Mauern auf, die alles von uns fernhalten. Wir verschließen unser Herz aus Angst, noch einmal verletzt zu werden, oder aus der Angst heraus, nicht stark genug zu sein.

Auch ich hatte mein Herz bereits in meiner frühesten Kindheit verschlossen. Jahrelang konnte ich keine Gefühle mehr spüren, ganz gleich, ob angenehm oder nicht. Zu groß war die

Angst, wieder enttäuscht, wieder verletzt zu werden. Daher habe ich über die Jahre viele Energien gesammelt, die geduldig in meinem Energiefeld darauf warteten, angeschaut zu werden.

In der uns angeborenen Form ist unsere eigene Schwingung wie bei einem Pendel – ganz frei, offen und weit, ohne jeglichen Widerstand. Gehen wir in unseren physischen Körper hinein, inkarnieren wir also und nehmen eine Ich-Identität an – die Illusion, mit der wir uns identifizieren –, dann ist es, als würden wir in einen Käfig gesetzt, der unsere Möglichkeiten der freien Schwingung bereits begrenzt. Materie, also auch unser Körper, ist nichts anderes als verdichtete Energie. Unser Pendel kann also in dem Fall nicht mehr frei und weit in jede Richtung schwingen, sondern bekommt Grenzen gesetzt. Dadurch schwingt es schneller und enger, dichter. Und du kannst in diesem Käfig nur noch das wahrnehmen, was in deinem neuen Schwingungsbereich liegt. Aber je höher du schwingst, desto weiter siehst du, und desto mehr Perspektiven kannst du wahrnehmen und hast du zur Verfügung.

Im Laufe unseres Lebens entstehen weitere Hindernisse und Widerstände. Manchmal werden wir von äußeren Einflüssen begrenzt, manchmal nehmen wir uns selbst die Sicht. Und damit meine ich die uns limitierenden Glaubenssätze.

Jeder Gedanke, der uns sagt, wir könnten etwas nicht oder es sei nicht möglich, begrenzt uns. Jeder Gedanke, der uns sagt, wir müssten etwas Bestimmtes tun und hätten keine andere Wahl, begrenzt uns. Und genau so bleibt jedes Gefühl, alles, was du wegschiebst oder nicht loslässt, in deinem Energiefeld wie ein Widerstand erhalten, der dich in deiner Schwingung begrenzt. Und dabei ist es ganz gleich, ob es dir bewusst ist oder nicht.

Jeder dieser Glaubenssätze wirkt wie eine Mauer. Je stärker und weitreichender solch ein Satz ist, desto näher ist er bei dir. Je mehr Stimme du ihm gibst, desto mehr engt er dich in deiner Schwingung ein. Außerdem lösen diese Glaubenssätze Gefühle in dir aus. Angst ist dabei eine der stärksten Begrenzungen, die wir in unser Leben lassen können. Angst entsteht, wenn wir in Gedanken in der Vergangenheit sind und die Erlebnisse aus dieser Zeit auf unsere Gegenwart projizieren, oder unsere Zukunftspläne mit Erlebtem vergleichen. Angst ist eine Illusion, da sie im Raum der Gegenwart in Wahrheit nicht existiert, die aber, sobald wir an sie glauben, sich auf unsere Realität auswirkt. Vielleicht spürst du gerade jetzt dieses beengende Gefühl, nur weil du diese Sätze liest.

Wenn wir also von vielen großen Überzeugungen = Illusionen umgeben sind, ist es schwer oder teilweise sogar unmöglich, klar und weit zu sehen, und damit wird gleichzeitig verständlich, dass in diesem Zustand Unzufriedenheit und Angst aufkommen, womöglich sogar Wut oder Selbstzweifel. Die Schwingung ist so niedrig und eingeengt, dass sie unsere Wahrnehmung der Realität verschleiert und stark begrenzt.

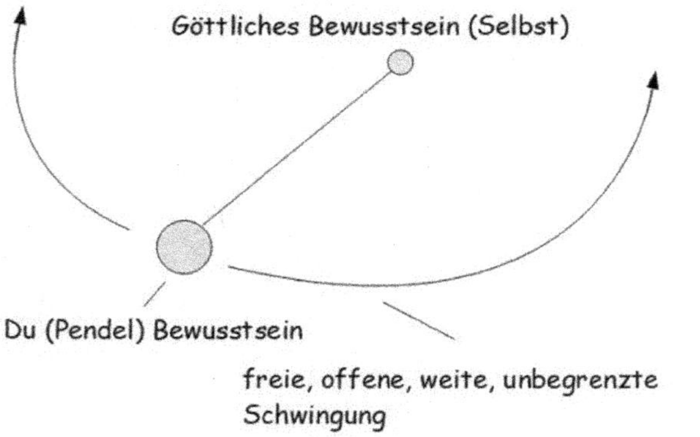
Göttliches Bewusstsein (Selbst)
Du (Pendel) Bewusstsein
freie, offene, weite, unbegrenzte Schwingung

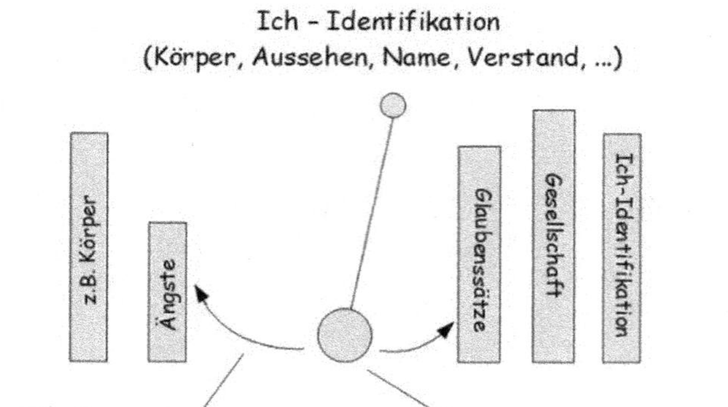
Ich - Identifikation
(Körper, Aussehen, Name, Verstand, ...)
z.B. Körper
Ängste
Glaubenssätze
Gesellschaft
Ich-Identifikation
Schwingung begrenzt, enger, dichter, eingeschränkt
Du (Pendel), Bewusstsein

Wir können aber unser Bewusstsein wieder weiten und jegliche Grenzen überwinden, wenn wir die Kraft unserer Energien – sei es in Form von Gedanken, Gefühlen, Worten oder Taten – kennenlernen und bewusst einsetzen. Wir sind also nicht für immer gefangen. ☺

Unser Bewusstsein ist unabhängig von unserem physischen Dasein, denn auch dein Körper besteht aus Energie, genauso wie innere Überzeugungen, Gefühle und Gedanken, und wenn wir erkennen, wie wir – unabhängig von unserem Körper – unser Bewusstsein weiten und anheben können, dann ist er kein Käfig, sondern eine wunderbare Möglichkeit, uns selbst zu erfahren und zu erschaffen. Und auch unsere limitierenden Glaubenssätze und Überzeugungen lassen sich problemlos in positive, stärkende und weitende Überzeugungen transformieren.

Alles, was wir an Überzeugungen annehmen; alles, was wir im Außen errichten, alles, was wir hier sehen, sind Illusionen.

Regeln existieren in Wahrheit nicht, denn hinter jeder Regel und jedem Gesetz steht ein Mensch, der es erfunden hat, und Menschen, die es angenommen haben. Somit wurde dieses Gesetz in unserer Realität erschaffen und hat Gültigkeit. Gleichzeitig existiert es nicht wirklich, und somit kann jeder von uns jederzeit die Entscheidung treffen, eine andere Realität zu wählen, sich eigene Regeln aufzuerlegen, Gesetze zu schreiben, oder sich eben von all diesen Illusionen zu befreien und ohne Begrenzungen zu leben.

Genauso verhält es sich auch mit allen Konstrukten, die wir im Außen erschaffen haben, Glaubensmuster, gesellschaftliche Normen und Vorstellungen, (politische, wirtschaftliche...) Systeme, Religionen und, und, und. Unser Verstand benötigt gewisse Vorgaben, woran er sich festhalten und wonach er handeln kann, da er auf dieser Grundlage seine Handlungen aufbaut und seine Gedanken danach ausrichtet.

Ich habe beispielsweise mittlerweile für meinen Verstand das folgende Programm eingespeichert: „Mein Herz kennt den Weg, und meine Gefühle zeigen ihn mir. Ich muss nichts hinterfragen und nicht alles verstehen, denn wenn ich meinen Gefühlen folge, kann mir nichts passieren. Mein Herz kennt die Wahrheit."

Das klingt nun erst einmal schön, aber am Anfang ist die Umsetzung gar nicht so einfach, und natürlich schaffe ich es nicht immer, genau danach zu leben. Wir sollten uns aber auch hierbei keinen Druck machen, denn wir wurden in dieser Gesellschaft groß, und würden wir von einem Tag auf den anderen alle unsere Strukturen und Illusionen erkennen und auflösen und unsere volle Freiheit leben, wären wir definitiv erst einmal überfordert und würden jede Menge Fehler machen.

Wir sind wie ein kleiner Kreis, ein Energiefeld – das ist unsere Realität, unser Bewusstsein, also die Dimension, in der wir hier leben und die wir hier erfahren. In diesem Kreis findet sich all das, was wir bewusst wahrnehmen, verstehen und wissen. Dort liegen unsere Stärken und unsere Schwächen, unsere Glaubenssätze und Muster.

Manche dieser Dinge dienen uns, weil wir uns an ihnen entlanghangeln können, andere behindern uns und nehmen uns die Sicht für das, was außerdem noch existiert und dahinter liegt.

Möchten wir nun einen Schritt weiterkommen, dann müssen wir erst einmal aufräumen: Glaubenssätze, die uns nicht mehr dienen, auflösen; Ängste und Schmerz loslassen und vergeben. Dadurch entsteht Raum für Neues, den wir mit neuen Erfahrungen füllen können, die uns dienen und weiterbringen.

Fülle, Verbundenheit, bedingungslose Liebe und ein tiefes Urvertrauen zum Beispiel sind einige der Ziele, die auf uns warten. Und dann, irgendwann, haben wir alle Hindernisse liebevoll transformiert, sodass unser Bewusstsein nun den gesamten Kreis ausfüllt. Das ist der Zeitpunkt, an dem wir den nächsten Kreis von weiteren Kreisen erblicken, die uns wie Ringe umgeben. In dieser neuen Dimension, auf dieser neuen Ebene, warten neue Herausforderungen, die unserem nun erweiterten Bewusstsein entsprechen und uns helfen, diese neue Ebene zu verstehen, sie in aller Tiefe zu spüren, zu wachsen und die uns gleichzeitig auf die Herausforderungen der nächsten Dimension vorbereiten. So können wir nach und nach unser gesamtes Bewusstseinsspektrum erschließen.

Alles ist bereits vorhanden. Nur ist es leider so, dass wir nur eine gewisse Zahl an Dingen verarbeiten können, ohne unser System zu überfordern. Daher bekommen wir diese liebevoll ausgewählten Aufgaben, die uns helfen, langsam unsere Welt, in der wir leben, zu verstehen.

Mathe ist da ein sehr gutes Beispiel. Bevor wir beginnen, mit den Zahlen zu arbeiten, müssen wir sie erst einmal kennenlernen und verstehen, was sie bedeuten. Wir müssen begreifen, wie sie sich verhalten, um sie dann bewusst einsetzen zu können; müssen Formeln, Rechenwege und Zeichen kennenlernen und verstehen, um zu einer Lösung zu kommen.

All das ist ein Wachstumsprozess, bei dem die einzelnen Schritte aufeinander aufbauen, um so nach und nach ein umfassendes Verständnis für die Welt der Mathematik zu erhalten. Und auch wenn uns weitere Formeln und Rechenwege, die wir im Laufe der Zeit kennenlernen, als neu begegnen und ein neues und umfassenderes Verständnis des Gesamten ergeben, waren diese auch schon vorher existent. Nur mussten wir nach und nach in diese Materie hineinwachsen, um sie wahrhaft verstehen zu können und damit selbstständig zu arbeiten.

Auch in unserem Leben bilden die ersten Dimensionen, die wir kennenlernen, erst einmal unser Fundament und bieten somit vorwiegend Herausforderungen physischer Natur. Wir müssen unsere neue Umgebung erfassen, und unsere Werkzeuge – unsere fünf Sinne – kennenlernen und lernen, wie sie sich verhalten und wie wir sie für uns nutzen können. Je weiter unser Bewusstsein dann wird, desto feinstofflicher wird es, und desto feiner und höher ist die Schwingung dessen, was wir ebenso wahrnehmen und verstehen können.

Und wenn du mir bis hier folgen kannst, dann sei dir gewiss, dein Bewusstsein reicht bereits in sehr weite Sphären. ☺

Kannst du dich noch daran erinnern, wie groß die Vorfreude war, wenn ein Urlaub anstand? Oder morgens, an deinem Geburtstag?

Ich weiß es noch genau: Das Kribbeln, mein Herz drehte Loopings, und ich konnte es gar nicht abwarten, endlich meinen Eltern und Großeltern in die Arme zu fallen und, von meinem Geburtstagssong begleitet, ins Wohnzimmer zu stürzen und meine Geburtstagstorte zu sehen.

Irgendwann aber war es damit vorbei. Wir zogen um.

Bis dahin hatte ich immer viel Zeit mit meinen Großeltern verbracht und liebte sie über alles. Aber auf einmal waren sie nicht mehr da. Einmal im Monat kamen sie uns besuchen, und meine Freude darauf, sie endlich wiederzusehen, war unbeschreiblich. Aber wenn sie wegfuhren, dachte ich, mir würde es das Herz ausreißen. Ich weinte tagelang. Irgendwann hielt ich es nicht mehr aus und beschloss, mich nun nicht mehr zu freuen, aus Angst, nicht mehr stark genug zu sein, wenn sie nach ihrem nächsten Besuch wieder wegfahren würden. Ich redete mir ein, es sei gar nicht so schön mit ihnen, und suchte Gründe, um ja keine Freude zu empfinden und dem Abschied emotionslos gegenüberzustehen. Was ich damals nicht wusste war, dass ich mit dieser Entscheidung mein Unterbewusstsein neu programmiert hatte und ab diesem Tag keinerlei Emotionen mehr fühlen konnte. Ich pendelte mich nach und nach auf eine Grundemotion zwischen Neutralität und Trauer ein, und es sollte zehn Jahre dauern, bis ich zum ersten Mal mein Herz wieder öffnen würde...

Wie weitreichend solche Entscheidungen sind, ganz gleich, ob bewusst oder unterbewusst, das wissen wir meistens im Moment der Entstehung nicht. Aber das Gute ist dennoch: Ganz gleich, wie viele Jahre vergangen sind, wir haben jederzeit die Möglichkeit, uns neu zu programmieren und so wieder zu der Person zu werden, die wir tief in unserem Herzen sind. Ich dachte, wenn man erwachsen wird, dann wird man eben emotionslos. Und bis vor einem Jahr ahnte ich nicht, dass auch ich noch Freude wie in meiner frühesten Kindheit empfinden könnte, und hatte keine Ahnung, wie viel Liebe in mir steckte. Bis zu jenem Tag...

Es war Silvester 2017.

Ich war gerade dabei, mein Handy „aufzuräumen“ und von Apps zu befreien, die ich in dem Jahr nicht verwendet hatte, da blieb mein Finger über einer lilafarbenen App hängen. *Podcasts* stand darauf. Irgendwie war ich neugierig, was sich dahinter verbarg, also öffnete ich sie. Auf der Startseite dann lächelte mir eine sympathische Frau entgegen. Ich konnte gar nicht anders als sie anzutippen, und so kam es, dass ich an diesem Tag meine erste Podcast-Folge von Laura Malina Seiler hörte. Sie schien so glücklich zu sein, und ich dachte, wenn auch nur ein Bruchteil dessen möglich ist, was sie sagt, dann möchte ich es versuchen. Ihre Folgen liefen vom Aufwachen bis zum Einschlafen. Zum ersten Mal in meinem Leben hatte ich das Gefühl, verstanden zu werden, beziehungsweise mich selbst zu verstehen.

Und ich begann, mir mein Außen anzugucken, zum ersten Mal ehrlich zu mir zu sein und an mir zu arbeiten. Routinen stärkten mich, Meditationen, Bewegung in der Natur, Dankbarkeitstagebücher und vieles mehr wurden zum Alltag.

Nur zwei Monate später spürte ich zum ersten Mal wieder ein Gefühl, das ich aus meiner frühesten Kindheit kannte, und geglaubt hatte, nie mehr spüren zu können – Glück!

Ich begann mich zu verstehen; ich begann mich zu akzeptieren; und ich begann mich zu lieben. Und je besser es mir ging, desto mehr wuchs der Wunsch in mir, diese Erfahrungen weiterzugeben, damit jeder sie für sich umsetzen könnte. Ich kannte so viele, die in sich gefangen waren und dachten, das Leben würde passieren und sie müssten sich dem fügen. Zu viele, die verzweifelt waren und keinen Sinn sahen.

Ich habe so viele meiner Freunde genau deshalb verloren, weil ihnen der Sinn fehlte, um zu bleiben. Also habe ich meinen eigenen Podcast gestartet, um zu sagen: Hey, ich habe es geschafft, und du kannst es auch!

Mit meinen Erfahrungen der letzten Monate reifte mein *Warum bin ich hier, mein Grund, hier zu sein, was ist mein Sinn meines Lebens*, immer mehr. Und als Conny in mein Leben trat, eröffnete mir das ganz neue Ebenen und ermöglichte Erfahrungen, die alles überstiegen, was ich je zuvor gespürt und gesehen hatte.

Ein wichtiger Teil meiner persönlichen Entwicklung bestand darin, ehrlich auf mich und mein Leben zu blicken und mir anzuschauen, welche inneren Überzeugungen mich steuerten, was ich seit langem unterdrückte oder wegschob, und wohin es nun endlich Zeit wurde, zu schauen.

Unsere Angst, die Trauer oder jedes andere Gefühl können wir uns wie eine Person oder ein Lebewesen vorstellen. Wenn wir sie spüren, die Emotion, aber nicht fühlen *wollen*, womöglich sogar Angst vor ihr haben, dann verdrängen wir Menschen sie gern und schieben sie beiseite, gucken sie nicht an. Das Problem ist nur, dass sie damit nicht weggeht. Wir schieben also diese andere Person, indem wir sie verdrängen, vor unsere Haustür und schließen ab. Damit sehen wir sie zwar nicht mehr direkt, aber sie ist immer noch da, nämlich in unserem Energiefeld, und damit im Unterbewusstsein. Dann klingelt sie immer mal wieder an der Tür, je nach Dringlichkeit ihres Anliegens mal in größeren Abständen, oder sie klingelt sogar Sturm. Sie klopft und ruft. Denn unsere Emotion geht durch das Verdrängen nicht weg, sie ist immer noch da, bis wir irgendwann bereit sind, sie zuzulassen und sie uns anzuschauen. Bis wir also die Tür öffnen und die Person reinlassen, uns mit ihr aufs Sofa setzen und ihr endlich Aufmerksamkeit schenken und zuhören, was sie uns sagen möchte.

Emotionen haben immer einen Grund: Sie tragen Nachrichten mit sich, die wichtig für uns sind. Jede Emotion, die sich einstellt, möchte uns nur Gutes. Sie möchte uns warnen, möchte helfen, uns weiterbringen oder unterstützen. Deshalb geht sie auch nicht, weil sie genau weiß, dass sie richtig und wichtig für uns ist. Sie wartet auf uns, bis wir bereit sind, ihr zuzuhören und sie anzuschauen. Wir selbst entscheiden dann, was wir aus dieser Information machen.

Das Gefühl an sich ist immer neutral, ein Informationsübermittler. Die Emotion an sich kann uns daher überhaupt nicht schaden, wir entscheiden durch unsere Reaktion, wie wir sie aufnehmen, verarbeiten und erfahren wollen. Es gibt keine guten oder schlechten Gefühle. Diese Emotion möchte nur mit uns sprechen und uns helfen. Sie möchte nur sagen, was sie zu sagen hat, und wenn wir ihr zugehört haben, wird sie danach ganz von allein gehen. Wir haben dann die Wahl, wie wir mit der Information umgehen und was wir daraus machen.

Blockieren wir sie, dann stauen wir die Energie – erst einmal auf der feinstofflichen Ebene. Je länger der Prozess aber andauert, je häufiger sie an unsere Türe klopft, desto mehr Spuren hinterlässt sie. Emotionen, die wir wegschieben, manifestieren sich auf diese Weise nach und nach in unserem Körper und werden schließlich in Form von Erkrankungen sichtbar. Diese Energie wird so auf allen Ebenen immer präsenter, bis wir keine Wahl mehr haben, und sie uns schließlich anschauen müssen.

Manche Emotionen sperren wir nicht vor die Tür und schieben sie auch nicht weg, sondern halten sie sogar fest, weil sie sich so gut anfühlen und wir glauben, dass sie uns dann länger helfen. Oder weil wir Angst vor der Veränderung haben, wenn sie gehen würden.

Aber: Wir können immer nur mit einer Person (wie in unserem Beispiel) sprechen. Das Sofa hat keinen Platz für mehrere Personen gleichzeitig. Wir halten sie also fest, obwohl die Information bereits bei uns angekommen ist und die Person (die

Emotion) damit ihre Aufgabe, ihr Anliegen, erfüllt hat. In dem Fall blockieren wir unser Weiterkommen und bleiben stehen. Und das geht so lange, bis wir die Emotion wieder gehen lassen und Platz machen für Neues, für neue Erfahrungen. Das Leben ist ein Fluss, es besteht aus Annehmen und Loslassen.

Immer, wenn wir einen Glaubenssatz loslassen, der uns zu unserem höchsten Wohl nicht mehr dient, dann entsteht ein Raum, den wir mit einem neuen, uns dienlichen Glaubenssatz füllen können. Immer wenn wir ein Gefühl loslassen, das uns nicht mehr hilft, das uns ängstigt oder blockiert, wird ein Raum in uns frei, den wir mit jedem Gefühl füllen können, das uns guttut: mit Liebe, Fülle, Vollkommenheit, Verbundenheit und Vertrauen.

Nimm an, was dir etwas sagen möchte, und lass los, was seine Aufgabe erfüllt hat, und du wirst wachsen wie nie zuvor. Du allein entscheidest, wie schnell dieser Prozess laufen soll und welche Erfahrungen du mitnehmen, welche Bewertungen du der einzelnen Situation geben und wie du somit all das einordnen möchtest. Du entscheidest darüber, ob dein Wachstum, dein Erwachen, eine Qual oder eine Freude ist, ob du leiden oder dich gut fühlen möchtest, ob es schnell oder langsam gehen soll. Du hast die Wahl. Annehmen – loslassen.

So definiere ich Leben: wachsen, lernen, einfach leben!

Und wie viel Zeit du dafür brauchst, die Entscheidung beziehungsweise das Gefühl ist bei jedem verschieden und liegt ganz bei dir. Unser Herz ist auch hier unser Tor zu unserer persönlichen Erfüllung, und es ermöglicht uns, unser Bewusstsein wieder auf unser ursprüngliches Niveau anzuheben, um frei und weit aus allen Perspektiven sehen zu können, Illusionen zu erkennen, zu entscheiden, welche wir leben möchten und welche nicht, und die Realität – das, was wirklich existiert – in ihrem vollen Umfang zu erkennen.

***

Hoch hinaus – Die Erhöhung unserer Schwingung

Das Bewusstsein von uns Menschen ist also häufig in einer tiefen Dichte inkarniert, weshalb die meisten von uns höher Dimensionales nicht wahrnehmen können.

Da unser Verständnis all dessen, was existiert, jedoch von unserer Bewusstseinsebene abhängt, ist es auch verständlich, dass wir diesen Dingen keinen Glauben schenken, denn uns ist es nicht möglich, diese Informationen in der Dichte unserer bewussten Realität zu verarbeiten. Oder, anders ausgedrückt: Wir können nur Zustände wahrnehmen, verarbeiten und verstehen, die auf unserer Ebene des Bewusstseins liegen.

Diese Bewusstseinsebene, auf der wir uns befinden, ist wiederum abhängig von unserer Schwingung. Und genau die können wir beeinflussen. Je höher deine Schwingung ist, auf desto höheren Bewusstseinsebenen kannst du dich tummeln und von diesen Ebenen aus dein Bild vom Leben, der Welt und unserem Sein immer besser sehen und begreifen. Weiten wir unser Bewusstsein also nach und nach und wachsen allmählich in diese neuen Dimensionen hinein, transformieren wir liebevoll all die Begrenzungen, die wir früher gewählt und aufrechterhalten haben, dann wird dieser Prozess zu der wundervollsten Erfahrung, die uns möglich ist. Und diese Schwingungserhöhung ist auf vielerlei Weise möglich.

Um sie kurzzeitig zu erhöhen, können wir beispielsweise fröhliche, motivierende Songs hören und uns dazu bewegen – man nennt es auch tanzen.

Wir können Bücher wie dieses lesen, die uns guttun, stärken, wachsen lassen und unseren Horizont weiten. ☺

Wir können meditieren, Sport machen, in die Natur gehen, kochen, einfach alles tun, was wir lieben.

Um aber unsere Schwingung auf lange Sicht effektiv und dauerhaft zu erhöhen, sollten wir so oft wie möglich in unser Inneres gehen und die Fülle in unserem Leben erkennen und spüren. Übe dich in Dankbarkeit für alles, was ist, war und kommt: Mache dir immer wieder bewusst, wofür du gerade dankbar bist. Bilde dich weiter mit Literatur, die dich wachsen lässt und deinen Fokus erweitert. Du kannst meditieren und so deine Gefühlswelt in dir erforschen und gute Gefühle immer stärker werden lassen und immer weiter ausdehnen. Du kannst beginnen, all das aufzuschreiben, was dir guttut, und es so auch im Außen manifestieren.

Beispielsweise kannst du beginnen, ein Dankbarkeitstagebuch zu schreiben oder ein Erfolgstagebuch mit allem, was du bisher schon erreicht hast, indem du deine täglichen Erfolge in deinem persönlichen Wachstum notierst. Du kannst auch ein Glückstagebuch verfassen mit all den Dingen, die dir heute gutgetan haben, mit all den schönen Dingen in deinem Leben, all den wundervollen Augenblicken des Tages, die du erlebt hast.

Wenn du es wirklich ernst meinst, dann setze dich am besten hin und fertige eine Liste mit all dem an, was du liebst, was dir guttut und was du gerne machst. Dann schreibe eine zweite Liste mit all dem, das gerade deinen Alltag bestimmt; die Dinge, die du regelmäßig oder zumindest häufiger machst. Wenn du fertig bist, dann nimm dir einen farbigen Stift und unterstreiche all das auf deiner Alltagsliste, was auch auf der Liste mit Dingen steht, die du liebst. Sieh einmal, wie viele Überschneidungen es gibt. Besteht dein Alltag hauptsächlich aus lästigen Pflichten, oder lebst du bereits das Leben deiner Träume? Wenn nicht, was hält dich davon ab?

Streiche im nächsten Schritt all die Dinge durch, die du ungern tust, die du an jemand anderen abgeben oder delegieren könntest, mit einer anderen Farbe. Und dann nimm dir einen Stift und streiche all das, was du nicht unbedingt machen musst, Lückenfüller, die dich jedoch nicht erfüllen.

Der Platz, der nun frei geworden ist, schreit danach, mit schönen Aktivitäten gefüllt zu werden – worauf wartest du also? Du darfst dir ein Leben in Fülle erschaffen, dir darf es gut gehen! Egal, was uns die Gesellschaft eingetrichtert hat: Man muss hart arbeiten, ehe man es verdient hat, zu entspannen, oder Ähnliches. All das ist nur *eine* Sichtweise. Du darfst eine andere haben und nach ihr leben. Wenn es dir gut geht, dann wird es auch automatisch deinem Umfeld besser gehen. Aber einer muss den Anfang machen, denn wenn wir immer handeln wie bisher, werden wir auch immer so bleiben wie bisher.

Bist du bereits erfüllt und glücklich, dann mach weiter so! Und bist du es noch nicht, dann denke darüber nach, ob du dich gerne besser fühlen würdest, und wenn ja, dann verändere die Gegebenheiten in deinem Leben, die dich noch daran hindern, dein volles Potenzial zu entfalten. Meistens reichen sehr kleine Veränderungen, um große Ergebnisse zu erzielen!

Jeder Mensch besitzt seine eigene Prioritäten-Skala. Was steht auf deiner ganz oben?

Wir haben ja meistens das Ziel, glücklich zu sein und Liebe zu erfahren. Wie viel Zeit verbringst du täglich mit Dingen, die diese Gefühle in dir hervorrufen? Überlege einmal ganz genau, was du dir wünschst, was bei dir diese Gefühle auslöst, und dann schau dir an, wie viel Zeit du damit täglich verbringst? Lebst du bereits deinem Sinn entsprechend? Ist dein Handeln produktiv, zum Ziel passend, oder kontraproduktiv?

Nun solltest du also alles, was dich glücklich macht oder dich diese Gefühle erfahren lässt, ganz nach oben stellen. Denn kennst du nicht diese Gedanken: Ich habe keine Zeit dafür (zu meditieren, joggen zu gehen, mir etwas Leckeres zu kochen...), Dinge zu tun, die dir guttun? Ich denke, jeder kennt sie, diese Ausreden.

Und was tun wir stattdessen? Fernsehen? Arbeiten? Womöglich sogar Alkohol, Drogen, Fastfood, Rauchen? Tut uns das gut? Macht uns das glücklich?

Ich spreche vom wahren Glück, von tiefer Erfüllung und nicht von kurzer Genussbefriedigung. Aber was wäre, wenn wir umdenken? Wenn wir unser Leben so ausrichten, dass es ausschließlich aus diesen Dingen besteht, die wir lieben und die gute Gefühle in uns erschaffen?

Wenn dein Job das wäre, was dich am glücklichsten macht; wenn dich deine Hobbys erfüllen würden; wenn du all das mit den Menschen tust, die du liebst und die dich lieben; wenn du die Zeit dazwischen mit Dingen füllst, die dich deine Fülle bewusst werden lassen und Ausdruck der Liebe sind – wenn alles, was du tust und hast, dein gesamtes Leben, ein Ausdruck deines Seins wäre. Wie wäre das?

Wie viel Glück und Erfüllung erlaubst du dir?

Zu dem Prozess der eigenen Schwingungserhöhung gehört allerdings auch, Altes loszulassen, was uns noch behindert und was eine niedrige Schwingung besitzt. Vergib dir für Situationen, die nicht nach deinen Vorstellungen gelaufen sind; vergib anderen; befreie dich von Schuldzuweisungen und alten Lasten. Arbeite auch alte Schmerzen aus deiner Kindheit auf, die dich noch immer bewegen, und gib ihnen eine neue Bewertung. Erkenne Glaubenssätze, die dich begrenzen, negative Glaubenssätze, und transformiere sie für dich in neue, dich stärkende innere Überzeugungen.

Hast du hauptsächlich Menschen in deinem Umfeld, die dich hinunterziehen, weil sie in ihrem Schmerz gefangen sind? Wie wäre es, wenn du dir ein neues Umfeld aufbauen und immer häufiger Menschen treffen würdest, die dich motivieren, deine Entwicklung begrüßen und fördern, anstatt dich in alten Mustern und in der Komfortzone halten zu wollen?

Wenn wir komplett in unserer Welt gefangen sind – zwischen Gedanken und Gefühlen, zwischen Herausforderungen und Begrenzungen, Zwängen, Ängsten und Schmerz, und unser Ego lautstark den Ton angibt, wir unsere eigene Illusion glauben und an ihr festhalten, dann ist es nicht möglich, Erfahrungen anderer Art zu machen und unsere Freiheit zu spüren. Räume zuerst einmal bei dir auf, denn wenn du fliegen möchtest, dann musst du dich von dem befreien, was dich hinunterzieht, was dich begrenzt und beschwert, dir den Blick nimmt und nur eine schmale Perspektive lässt.

All das ist die Vorarbeit für das, was danach kommt und dich wirklich weiterbringt. Warum sie so wichtig ist, habe ich auch erst nach und nach begriffen, und je mehr ich losgelassen habe, desto klarer wurde meine Sicht.

Wenn du in dir selbst gefangen bist und dich dem Leben ausgeliefert fühlst, dann ist deine Schwingung sehr niedrig.

Wie du weißt, hat jedes Gefühl eine bestimmte Schwingung, und dein Grundgefühl bestimmt somit die Frequenz, auf der du schwingst, also ausstrahlst und empfängst, und bildet gleichzeitig die Ebene, auf der du Dinge wahrnehmen, verarbeiten und verstehen kannst.

Dein Verständnis von Sätzen, von Ereignissen und allem, was du wahrnimmst, ist abhängig von deiner Bewusstseinsstufe. Wir verarbeiten und verstehen Informationen immer auf der Stufe, auf der wir selbst stehen. Ein Satz kann dabei jedoch viel mehr Bedeutungen haben, als wir auf dieser Stufe wahrnehmen können. Je höher dein Bewusstsein ist, desto höher sind die Dimensionen, in denen du Informationen aufnehmen, verstehen und verarbeiten kannst. Genau deshalb findest du diese Worte hier am Anfang des Buches.

Ich möchte dich einladen, deine Schwingung anzuheben, damit du die Möglichkeit hast, die folgenden Kapitel in allen Dimensionen zu verstehen und das volle Wachstum zu erleben.

Immer wenn du ein altes Gefühl weiterziehen lässt oder einen Glaubenssatz auflöst, der dir nicht mehr zu deinem höchsten Wohl dient, dann wird ein Raum frei, und diesen Raum kannst du dann bewusst mit einer neuen Intention, einem neuen positiven Glaubenssatz oder einem neuen Gefühl füllen.

Vergibst du beispielsweise deinen Eltern für eine Situation, die in deiner Kindheit passierte, dann lässt du diese Situation los, und damit auch die Glaubenssätze, die sich auf dieser Erfahrung aufgebaut haben, und schaffst somit einen neuen Raum. Und nun kannst du ganz bewusst in das Gefühl tiefer Dankbarkeit, tiefen Urvertrauens oder bedingungsloser Liebe gehen und diesen Raum bewusst mit diesen Eigenschaften füllen.

Alles, was wir erleben und dem wir folglich eine Bewertung geben, wird in jeder unserer Zellen abgespeichert. Und somit ist jede einzelne Zelle sozusagen eine kleine Bibliothek deines Lebens.

Wenn du einen Glaubenssatz, der dich negativ beeinflusst, auflösen möchtest, kannst du in deiner Bibliothek nach der Situation suchen, die diesen ausgelöst hat und wie in einem Buch dort zu finden ist. Nimm dieses Ereignis aus dem Regal und schau es dir an. Welche Farbe hat das Buch? Welchen Titel trägt es? Mache dir bewusst, dass du dieses Buch in der Hand hältst, du aber nicht dieses Buch bist. Wenn du bereit bist, dann öffne es, und du kannst nun die damalige Situation von außen betrachten. Was aber nun anders ist, das bist du. Du hast einen Abstand dazu und weißt, dass alle Situationen neutral sind. Du weißt, dass du ihnen mit deiner Bewertung erst Gefühle und Leben einhauchst. Du weißt, dass du dir deine Realität selbst erschaffst. Also sieh dir diese Situation an, erlebe sie noch einmal und heile sie, gib ihr eine neue, stärkende Bewertung. Bewerte sie so, dass sie zu deiner neuen Wahrheit passt, zu der Person, die du sein möchtest, die du bist. Gib der Situation so lange unterschiedliche Bewertungen, bis du eine gefunden hast, mit der du dich gut fühlst und die daraus eine positive Erfahrung oder ein wichtiges Learning macht. Und wenn du dich gut fühlst und bereit bist, das Buch loszulassen, dann schließe es liebevoll mit dem Wissen, dass all das nur *für* dich passiert ist.

Welche Farbe hat es nun? Oder in Erfahrungen gesprochen: Hat sich die Farbe der Situation geändert? Möchtest du sie behalten, da sie dich nun stärkt? Dann dreh dich um und leg sie auf die andere Seite, auf die Seite mit hellen, weiß-goldenen Erfahrungskugeln. Und brauchst du sie nicht mehr, dann sieh, wie sie sich in deinen Händen auflöst und als funkelnder, goldener Staub nach oben steigt.

Visualisierungen dieser Art verwende ich sehr gern, und erst mit der Zeit habe ich gemerkt, welche Kraft sie wirklich haben. Je mehr ich bei mir selbst ankam, je leichter mein Rucksack wurde, je mehr ich losgelassen und aufgelöst hatte, desto schneller und stärker spürte ich die Wirkung.

Wichtig für die Auflösungsarbeit ist, dass du in dieser Zeit sehr viel Wasser trinkst, denn wichtig ist, dass du diese alten Informationen wirklich aus deinen Zellen löst. Wenn du nun also viel Wasser trinkst, dann schwemmst du sie praktisch aus deinem Körper heraus.

Und einen weiteren Tipp habe ich noch für dich. Zu Beginn dieses Buches habe ich ja bereits die Kraft und Macht unserer Worte angesprochen. Auch hier kannst du sie dir zunutze machen. Nimm dir dazu am besten eine große Glasflasche und fülle sie mit Wasser. Wasser ist einer unserer wichtigsten Informationsträger. Und auch Wasser ist somit programmierbar. Dann nimm dir einen Stift in der Farbe deiner Wahl, am besten wäre ein goldener Edding (nur bitte bloß nicht in Schwarz), und schreibe das Gefühl auf die Flasche, mit dem du nun den Raum in deinen Zellen füllen möchtest – sei es bedingungslose Liebe, Urvertrauen, Dankbarkeit, Verbundenheit, usw.

Ich verspreche dir schon jetzt, ob du daran glaubst oder nicht: Du wirst überrascht sein!

ICH BIN – Die Macht unserer Worte

Du hast es bestimmt schon einmal bemerkt: In unserem Kopf läuft ein ständiger Dialog. Du stellst dir eine Frage, und sogleich beantwortest du sie dir. Das kann hilfreich sein, wenn wir uns dessen bewusst sind, meistens ist das nun aber erst einmal nicht der Fall.

Die Qualität unserer Fragen hat aber enormen Einfluss auf unser Denken, Fühlen und Handeln – auf unser gesamtes Leben.

Ein Beispiel verdeutlicht das sehr gut.

Wenn wir uns beispielsweise fragen: „Warum bin ich nicht glücklich?", dann ist das der Startschuss und die Freikarte für unseren Verstand! Der Verstand schickt uns nun alle inneren Überzeugungen: Bilder, Filme, Gefühle und Gedanken, die uns unsere Aussichtslosigkeit bestätigen und uns zeigen, wer wir in unserer Realität glauben zu sein, um es im gleichen Moment zu bestätigen. Und dabei ist er ja soo kreativ.

„Du bist zu dick, dünn, klein, groß, zu hässlich, du hast einen Pickel, und erinnerst du dich noch, als vor zehn Jahren die Tante deines Vaters, dessen Bruders Nichte von dem Bekannten ihrer Mutter erzählte, der dich im Supermarkt gesehen hat und erzählt hat, du hättest zugenommen?" ☺

Ich denke, du weißt, was ich meine. Egal, was wir fragen, unser Verstand findet eine Antwort, immer auf Grundlage unserer inneren Überzeugungen und Glaubensmuster, die sich hinter der Frage verbergen und sich mit der Antwort bestätigen.

Und das kann zu einem wahren Teufelskreis werden, da wir uns fortlaufend das bestätigen, was wir glauben zu sein.

Ist uns dieser Teufelskreis aber bewusst, dann wird genau das zu einem unserer wertvollsten Tools. Anstatt zu fragen: „Warum bin ich nicht glücklich?“, könnten wir uns fragen: „Was ist bereits alles in meinem Leben, das mich mit Glück erfüllt, und wie kann ich das noch stärken? Warum bin ich bereits jetzt von Glück erfüllt?“

Eine ganz andere Energie, und ganz andere Antworten!

„Warum bin ich toll so, wie ich bin?“, „Was zeigt mir alles, wie wertvoll ich bin?“ oder: „Warum wird dieser Tag der bisher schönste Tag meines Lebens?“ Fragen, die aufbauende, stärkende Antworten vorprogrammieren.

Achte einmal darauf, wie du mit dir sprichst. Nimm dir doch einen Moment Zeit, gehe deinen Tagesablauf durch, und überlege dir einmal, welche Fragen du dir stellen könntest, um ein gutes Grundgefühl für dich und dein Leben zu erschaffen. Achte dabei besonders auf deinen Morgen. Was sind die ersten Worte, mit denen du in deinen Tag startest? Lösen sie gute, angenehme Gefühle, Freude auf deinen Tag in dir aus, oder erzeugen sie Stress? Achte einmal darauf, und wenn sie dir schaden, dann ändere sie. Das bewirkt Wunder.

Nun ist es aber so, dass wir uns selbst nicht nur Fragen stellen, sondern auch alles, was in unserem Leben passiert, kommentieren. Die Art, wie wir dabei mit beziehungsweise über uns sprechen, ist die Art, wie wir über uns und das Leben denken, was wiederum aus unseren inneren Überzeugungen unseres Verstandes resultiert. Vereinfacht gesagt, können wir anhand unseres inneren Dialogs Rückschlüsse ziehen, welche inneren Überzeugungen wir in uns tragen.

Nicht jeden Gedanken, der uns kommt, müssen wir zu Ende denken. Gedanken kommen und gehen ganz von allein. Nur wenn wir sie festhalten, können sie uns beeinflussen. Unsere Gedanken spiegeln nur unsere inneren Überzeugungen. Wir haben aber auch die Möglichkeit, bewusst zu denken und uns so umzuprogrammieren.

Dabei gibt es zwei Worte, die darüber entscheiden, wie wir uns definieren, als was wir uns wahrnehmen, und auch, in welchem Bewusstsein wir uns befinden. Diese beiden Worte lauten: „ICH BIN". Alles, was wir nun dahintersetzen, beschreibt, was wir sind, wie wir uns definieren und gleichzeitig wahrnehmen. *ICH BIN* erschafft unsere Realität. Das, was wir über uns denken und sagen, kreiert das Gefühl, wie wir uns wahrnehmen, und diese Gedanken, in Verbindung mit Gefühlen, formen unser Handeln im Außen. Mir tut es in der Seele weh, wenn ich mitbekomme, wie Menschen zu sich selbst sagen, „Ich bin so dumm!", „Ich bin hässlich!", „Ich bin dick!"...

Du hast den Unterschied ja bereits im Vorwort gespürt, aber hier möchte ich nun einen Schritt weitergehen.

Wie machtvoll diese Worte sind, habe ich zum ersten Mal mit vierzehn Jahren zu spüren bekommen. Aufgrund meiner Magersucht kam ich damals in eine Klinik. Ich hatte die Krankheit zu Anfang bewusst gewählt, da ich sie als eine Möglichkeit sah, Abstand von der Schule zu gewinnen. Welche weitreichenden Folgen diese Entscheidung haben würde, war mir zu diesem Zeitpunkt natürlich nicht bewusst.

Als ich den Ort betrat, der mein neues Zuhause für die nächsten Monate sein würde, war mir bewusst: Ich hatte diese Krankheit gewählt, sah sie als etwas an, das nicht zu mir gehörte, und dass ich sie nun lediglich für eine Zeit lang trug. Ich *hatte* also eine Krankheit, ich selbst sah mich aber immer noch als dieselbe Person, die ich auch vorher gewesen war. Was ich dort aber lernte, veränderte meine gesamte Welt. Der Satz, den ich nun verinnerlichen sollte, war: „Ich bin krank!", „Ich bin magersüchtig!" Ja, du liest richtig. Es wurde mir gesagt, ich müsse die Krankheit annehmen und sie verstehen, um gesund zu werden. Aber zwischen Annahme und der Identifikation mit einer Sache liegt ein großer Unterschied. Ich wusste, ich *hatte* eine Krankheit, aber ich *war* nicht meine Krankheit, bis zu diesem Zeitpunkt.

Nach und nach begann ich diesen Teil, den ich nun als Ich ansah, zu lieben und mich damit zu identifizieren, bis er so fest in mir verankert war und zu mir gehörte, dass ich nicht mehr bereit war, ihn loszulassen. Ich wusste, würde ich die Krankheit loslassen, würde damit ein Teil von mir gehen. Es war spannend, aber unglaublich traurig zu beobachten. Die Mädchen in der Klinik kamen dorthin, um das, was sie angenommen hatten, wieder loszulassen, und verließen die Klinik in dem Glauben, dass sie ihre Krankheit wären und sich nun ein Leben lang als diese ausdrücken würden. Ich sprach mit Mädchen, die weinten und mich fragten, was denn übrig bliebe, was sie denn noch sein würden, wenn sie ihre Krankheit losließen.

Auch ich habe sechs Jahre gebraucht, um tief in mir zu verstehen, wer ich wirklich bin, mich nicht mehr mit dem Teil zu identifizieren, den ich jahrelang als „ICH BIN“ getragen hatte, und ihn wirklich gehen zu lassen.

Daher, achte auf deine Worte, die du wählst. Sie erschaffen deine Realität. Der Großteil aller Krankheiten, unabhängig ob physisch oder psychisch, bricht erst aus, wenn der Patient eine Diagnose bekommt. Denn hier kommen wieder einmal Fokus und Erwartungen mit ins Spiel. Sobald wir von Menschen, denen wir glauben und vertrauen, etwas gesagt bekommen, nehmen wir es automatisch als wahr an. Bekommen wir nun eine klare Diagnose, dann ist es in unserem heutigen, digitalen Zeitalter ein Leichtes, sich darüber zu informieren, was diese Krankheit definiert und ausmacht. Ganz gleich, ob bereits Symptome bestehen, oder (noch) nicht, sobald wir wissen, was nun zu uns gehört, erzeugt das die Erwartung, dass all das eintreten wird, was zu diesem neuen Teil dazugehört. Wir visualisieren und erschaffen somit auch hier unser eigenes Schicksal, nur eben nicht im für die meisten Menschen positiven Sinne. Wir richten also unseren Fokus auf das, von dem wir erwarten, dass es eintreten wird.

Als ich damals also wusste, „ICH BIN“ diese Krankheit, begann ich, andere Mädchen um mich herum zu beobachten. Zum ersten Mal seit Beginn des Abnehmens beschäftigte ich mich damit, was diese Krankheit ist, und wie man sich verhält, wie man isst, geht, sitzt, spricht, wenn man magersüchtig *ist*. Ich las im Internet nach und stellte nach und nach mein gesamtes Denken und Verhalten um, um dem zu entsprechen, was ich war (glaubte zu sein.)

Nun denkst du vielleicht, das sei verrückt und ich ein Einzelfall. Nun, erst heute verstehe ich wirklich, wie das damals ablief:

Die Mädchen versuchten sich zu übertreffen; es war eine Art Wettbewerb, wer nun am stärksten krank war, wer am langsamsten essen konnte, wer heimlich am meisten gelaufen und Treppen gestiegen war, wer das meiste Essen verschwinden lassen konnte, denn all das sollte nun zu der neuen Identität gehören.

Das ist einer der Gründe, weshalb es mir heute so wichtig ist, den Menschen ihre Eigenverantwortung bewusst zu machen, und sie – uns alle – wieder für unser Leben zu begeistern. Es ist so schön einfach, die Verantwortung abzugeben; es ist so schön einfach, sich von außen den Tagesablauf vorgeben zu lassen; es ist so schön einfach, nur als Körper zu agieren und zu tun, was von einem erwartet wird.

Aber ist das wirklich Leben? Wollen wir einfach nur irgendwie durchkommen? Oder wollen wir l e b e n?

Ist es nicht viel schöner, wählen zu können, was man erlebt? Ist es nicht viel schöner, unsere Träume zu leben, selbst zu erschaffen, was wir erfahren wollen?

Wir sind doch mehr als eine Krankheit, mehr als unser Job, wir sind mehr als unser Titel, und wir sind mehr als jede gesellschaftliche Rolle, die wir einnehmen. Ganz gleich, was man dir gesagt hat: Du hast jederzeit die Möglichkeit, neu zu wählen! In jeder Sekunde hast du die Macht zu entscheiden, wie du über dich denkst, denn da ist etwas in dir, das dir niemals jemand nehmen kann.

Dabei ist es wichtig, Folgendes zu wissen:

Es gibt einen großen Unterschied zwischen Annahme und Identifikation! Einen Zustand wegzuschieben und nicht zu betrachten, sobald er da ist, führt dazu, dass er sich manifestiert.

Alles-was-ist darf und sollte von uns gesehen, gefühlt, verstanden und dann wieder losgelassen werden. Das ist der Prozess des Lebens. Und genauso sollten wir auch mit Krankheiten umgehen. Sobald wir aber akzeptieren, dass dieser Zustand zu uns gehört und uns ausmacht, wir das sind, wird er nicht nur zu unserer Realität, er wird zu uns!

Sieh, was gesehen und gefühlt werden möchte! Alles-was-ist ist richtig und hat einen Grund. Nimm Abstand und schau dir an, was es dir sagen möchte, wofür dieser Zustand ein Ausdruck ist. Verstehe ihn, sei ihm dankbar für sein Sein. Liebe ihn dafür, dass er dir zeigt, wie du noch mehr Fülle und Liebe in dein Leben bringen kannst, und dass er dir deinen Weg ebnet und dich auf deine Zukunft vorbereitet. Alles im Leben darf sein, alles hat einen Sinn!

Wenn du nun deine Worte wählst, dann sprich immer in der Gegenwart mit dir. Beziehe alles, was du haben oder sein möchtest, auf die Gegenwart. ICH BIN.

Ich werde haben/sein, ich möchte, liegt außerhalb von dir und trennt dich von deiner Realität des Möglichen ab. Unser Unterbewusstsein kennt nur das Hier und Jetzt. Worte, die sich auf die Zukunft beziehen, gehen an ihm vorbei: Nur was du denkst, bereits jetzt zu sein, wird auch zu deiner Realität und manifestiert sich als neue Überzeugung, die dich in der Zukunft im Denken, Fühlen und Handeln beeinflusst. Auch Verneinungen wie „nicht“, oder „kein“ werden von unserem Unterbewusstsein nicht verstanden, ebenso wie Ironie oder ungenaue Angaben. Begriffe wie zum Beispiel „vielleicht“, kennt es nicht. Sprich klar mit dir selbst. Was du denkst oder sagst, das erzeugt deinen Fokus.

Denke nicht darüber nach, was du nicht sein möchtest, wovon du weg willst, sondern wohin du möchtest. Was ist der Zustand, den du dir wünschst? Und dann transformiere ihn in die Gegenwart.

ICH BIN gesund!
ICH BIN glücklich!
ICH BIN erfüllt!
ICH BIN wertvoll!
ICH BIN geliebt!
oder auch:
ICH BIN Liebe!
ICH BIN Licht!

Wenn ich spüre, ich habe eine innere Überzeugung, die nicht zu dem beiträgt, als was ich mich erfahren möchte, dann schreibe ich mir Zettel, am besten in einer passenden Farbe, mit der neuen, positiven Überzeugung, die ich überall in meiner Wohnung aufhänge. Jedes Mal, wenn ich dann an einem Zettel vorbeikomme, dann lese ich ihn laut für mich vor oder bleibe einen Moment stehen, atme tief ein und aus, und sage mir dabei diesen neuen Satz.

Unterstützend kannst du dir dazu vorstellen, wie du ihn mit jedem Atemzug als neues Bewusstsein einatmest, oder auch die Farbe, die du damit verbindest, und wie sich jede deiner Zellen bei diesen Worten mit dieser neuen, frischen Energie füllt. Und mit jedem Ausatmen lässt du los, was dir nun nicht mehr dient, ohne aber direkt daran zu denken. Verschwende einfach keinen Gedanken mehr an das, was du sowieso nicht bist und nicht in deinem Leben haben möchtest, und lade dir ein, als was du dich erfahren möchtest. Sobald du spürst, dass du die Erinnerungen nicht mehr benötigst, ist die neue Überzeugung von dir zu deiner Realität geworden, und du kannst die Zettel abnehmen.

An dieser Stelle, möchte ich gerne mit dir eine der, wie ich finde, kraftvollsten Übungen teilen. Sie stammt von Paul Selig aus dem Buch „I Am the Word“ und heißt „Wort“. Es geht darum, mit deiner Wahrheit, mit dem, was du wirklich bist, in Kontakt zu kommen.

Du kannst die Übung so machen, wie du dich dabei am besten fühlst. Stell dich zum Beispiel gleich morgens vor den Spiegel, schau dir tief in die Augen, und sage dir diese Worte. Du kannst aber auch, mit der Hand auf deinem Herzen, die Augen schließen und die Worte tief in dir spüren. Du wirst deinen Weg finden.

Diese kraftvollen Worte lauten:

Ich weiß, wer ich bin, in Wahrheit.

Ich weiß, was ich bin, in Wahrheit.

Ich weiß, wie ich wirke, in Wahrheit.

Wort, ich bin, Wort.

Noch kraftvoller ist es meiner Meinung nach, diese Worte auf Englisch zu sprechen. Schau einmal, was bei dir am tiefsten wirkt und was dich am meisten berührt.

I know, who I am, in truth.

I know, what I am, in truth.

I know, what I serve, in truth.

Word, I am, word.

Wiederhole es, sooft du möchtest, und du wirst schon sehr bald eine Veränderung in deinem Denken und Fühlen feststellen.

Wenn ich diese Übung mache oder mir Sätze mit „ICH BIN“ sage, dann schließe ich sie ab, indem ich mich bedanke. ICH BIN ... Danke! Mit DANKE bestätigen wir, dass es eingetroffen ist, dass wir es bereits sind. Danke versiegelt sozusagen unsere Realität.

Wähle die schönsten Worte, die du finden kannst. Immer wenn du daran denkst, wenn du bemerkst, dass dein Gedanke nicht dein höchstmöglicher war, erinnere dich daran, dass du jederzeit anders denken kannst. Wähle den Gedanken, der sich am besten anfühlt, und du erhöhst deine Frequenz automatisch. Und fokussiere dich nicht darauf, wie häufig du noch nicht gut genug mit dir sprichst. Verliere keinen Gedanken daran, sondern feiere dich für jeden neuen positiven Gedanken, den du wählst. Damit lenkst du deinen Fokus auf die neue Denkweise und programmierst dein Unterbewusstsein nach und nach neu, bis du automatisch zu der Person wirst, die so über sich denkt.

Schenke dir die schönsten Worte, du bist es wert! ☺

***

Du darfst loslassen

In all den Kapiteln habe ich nun das zusammengetragen, was mir selbst und vielen anderen geholfen hat, alte Verletzungen zu heilen, Blockaden zu lösen und mit einem klaren Kopf vorwärtszugehen und das Leben und mich lieben zu lernen. Eins ist mir dabei aufgefallen: Es klingt ziemlich kompliziert! Womöglich sieht es auch anfangs so aus, wenn man sich zum ersten Mal mit Themen der Persönlichkeitsentwicklung beschäftigt und so viele neue Themen und Inspirationen auf einen einprasseln.

Ich kann mich noch sehr gut an meine ersten Wochen erinnern, in denen ich das Gefühl hatte, ich würde einen neuen Planeten mit ganz neuen Regeln kennenlernen, wo nichts so ist, wie ich es bisher gekannt hatte. Nach einiger Zeit hatte ich mich mit neuen Informationen so vollgestopft, dass ich nicht mehr konnte. Ich versuchte, wie ich es in der Schule gelernt hatte, alles krampfhaft festzuhalten und mir bewusst zu merken, und das war zu viel! Nach wenigen Wochen war mein Limit erreicht, und ich ließ mich heulend auf mein Bett fallen. Ich wollte es doch so gern lernen, ich wollte all das wissen und erfahren.

Doch auf einmal verstand ich etwas. In der Schule lernen wir, Informationen aufzunehmen, irgendwann wieder abzugeben und danach unsere Speicher zu leeren für Neues – „Bulimie-Lernen“. Aber hier war es anders. Ich wollte dieses Wissen nicht wieder abgeben, ich wollte es verstehen, und noch viel mehr: Ich wollte es leben!

Das war der Moment, in dem es KLICK machte. Ich begann damit, Podcasts zu hören, Bücher zu lesen, YouTube-Videos zu schauen und das Gelernte zu verinnerlichen, umzusetzen und zu leben. Das neue Wissen wurde zu meiner neuen Identität, zur Weisheit. Ich musste auf einmal keine Informationen mehr festhalten, sondern machte von meinem Unterbewusstsein Gebrauch, indem ich mit meinen neuen Denkmustern und Gefühlen für neue Ergebnisse, Erlebnisse und Erfahrungen sorgte, die meine inneren Muster und Überzeugungen umprogrammierten und sich so im Unterbewusstsein verankerten.

Da genau das einer der Schlüsselmomente war, hier noch einmal:

Indem ich mit meinen neuen Denkmustern und Gefühlen für neue Ergebnisse, Erlebnisse und Erfahrungen sorgte, die meine inneren Muster und Überzeugungen umprogrammierten und sich so im Unterbewusstsein verankerten, wurde Wissen zu Weisheit, und Weisheit zu meinem Leben und damit zu mir.

Irgendwann spürte ich, dass ich mein Bewusstsein gar nicht mehr vollstopfen musste, denn je fokussierter und aufmerksamer ich wahrnahm, desto schneller und direkter gingen alle neuen Informationen direkt ins Unterbewusstsein ein. Ich spürte, dass alles, was wir konsumieren, unser Denken, Fühlen und Handeln beeinflusst. Auch das sind Energien, die über die Medien, über die Worte ausgesandt werden, die wir alle unbewusst aufnehmen und abspeichern. Sobald wir den Zugang zu unserem Unterbewusstsein öffnen, stehen uns sämtliche Informationen zur Verfügung, die wir jemals über all unsere Sinne aufgenommen haben, bewusst und unbewusst. Ich kann dir daher nur raten, sensibel mit dem zu sein, was du konsumierst. All das, was du in dich hineinlässt, formt dich und kommt irgendwann wieder aus dir hinaus. Wir sind ein Ausdruck all unserer Erfahrungen, die unser Denken, Fühlen und Handeln kreieren.

Und genau deshalb ist es nicht wichtig, dass wir uns alles bewusst merken. Alles, was wir uns anschauen, anhören oder lesen, das beeinflusst uns sowieso. Und mit jeder Erfahrung, die wir machen, manifestiert es sich immer mehr als unsere neue Wahrheit.

Unser Gehirn funktioniert da wie ein Spinnennetz. Wenn eine Spinne ihren ersten Faden spinnt, ist er dünn, kaum sichtbar und kann schnell wieder reißen. An diesem einen Faden kann sie sich zwar nun entlanghangeln, er kann sie aber noch nicht halten und bringt ihr keine Veränderung in ihrem Leben, da sie mit diesem einen Faden kein Futter fängt und er noch dazu stark den äußeren Umständen ausgesetzt ist. Er ist nicht besonders gut sichtbar und würde schnell verschwinden, wenn sie es dabei beließe. Arbeitet die Spinne aber weiter, verbindet einzelne Fäden miteinander, überkreuzt sie und lässt sie immer fester werden, je häufiger sie darüber geht, bildet sich nach und nach ein Netz, das immer größer und stabiler wird. Erst dann ist das gesamte Netz gut sichtbar, manifestiert sich sozusagen, und hat infolgedessen auch Auswirkungen auf die Umwelt.

Mit jeder neuen Erfahrung, die wir machen, mit jedem Gedanken, den wir denken, mit allem, was um und in uns passiert, stärken wir Verbindungen und bauen die Verbindungen zwischen unseren Neuronen aus.

Die Frage ist nur: Welche möchtest du stärken?

Wenn wir zum ersten Mal etwas Neues denken, wird diese erste Verbindung erstellt, dieser dünne Faden. Je häufiger wir nun diesen neuen Weg gehen, also je mehr wir in dieser Weise denken, etwas dazu konsumieren oder Erfahrungen dementsprechend bewerten, desto fester und widerstandsfähiger wird die Verbindung, und desto einfacher kannst du sie gehen. Und das Tolle ist: Unser Gehirn liebt diese gut ausgebauten Straßen. Je besser eine ist, desto eher wählt es diesen Weg. Je mehr wir also unsere neuen Muster auf allen Ebenen anwenden, desto mehr integrieren sie sich in unser System und werden zur neuen inneren Einstellung, zum neuen Programm, das irgendwann automatisch abläuft. Wenn wir unsere Gedanken über uns, andere und das Leben verändern, dann wird sich alles verändern – wir, unsere Beziehung zu anderen und unser Handeln und Erschaffen, was folglich im Außen sichtbar wird.

Wir haben drei Werkzeuge, mit denen wir unsere Realität erschaffen: unsere Gedanken, unsere Gefühle und unsere Handlungen. Alle drei Teile liegen auf unterschiedlichen Ebenen und wirken auf ihnen. Möchten wir etwas erschaffen und denken daran, dann erschaffen wir es bereits als ein Feld der Möglichkeit auf einer Ebene. Sobald wir spüren, wie es ist, wenn es bereits da ist, wie sich dieses Erleben also anfühlt, kommt die zweite Ebene ins Spiel. Gefühle verstärken das, was wir denken, und unsere Gedanken unsere Gefühle. Aber erst mit der dritten Ebene, wenn wir beginnen, unseren Gedanken zu verwirklichen, indem wir handeln, manifestieren wir es in unserem Leben.

Wir können also bewusst darauf Einfluss nehmen, indem wir unser Denken umstellen und unser Wissen umsetzen und leben. Es ist der Weg, der wegführt vom Kopf hin zum Herzen.

Und wie wir wissen, ist unser gesamter Weg kein Zufall. Wir wachsen auf jeden Fall, die Frage dabei ist nur, wie lange wir uns zurückhalten und begrenzen, und wann wir uns entscheiden, loszulassen und Veränderungen anzunehmen.

Wenn wir uns gegen das Wachstum sträuben, ist es, als würden wir versuchen, in einem Fluss gegen den Strom zu schwimmen. Es kostet sehr viel Energie, weil wir ständig zurückschauen, statt nach vorn und statt uns treiben zu lassen, und dabei verpassen wir vor lauter Anstrengung die Schönheit der Natur und des Lebens um uns herum.

Genau daran können wir erkennen, ob wir unseren Seelenweg gehen oder dagegen ankämpfen. Lassen wir uns treiben und vertrauen darauf, dass alles zu unserem Besten passiert, dann ist das wie Durchatmen, nachdem wir lange die Luft angehalten haben – pure Entspannung und Freude. Jede Herausforderung, die sich ergibt, dient uns, damit wir die Fähigkeiten entwickeln und Erkenntnisse gewinnen, die wir für unseren Weg benötigen.

Es wird nicht immer einfach sein, aber das hast du mittlerweile bestimmt auch erkannt. Einfach und ohne Widerstände wäre langweilig! ☺

Folgen wir diesem Weg unseres Herzens und lassen los, dann führt uns der Weg genau zu den Erfahrungen, die wir brauchen. Unsere Bewertung entscheidet darüber, ob wir es als Qual ansehen, oder jeder neuen Herausforderung mit Freude begegnen und sie dankbar annehmen, in dem Wissen, dass sie uns auf unserem Weg nach vorne bringt und darin wichtige Erkenntnisse stecken, die uns bereits auf die Zukunft vorbereiten.

Jeder von uns hat sein eigenes Tempo, in dem er wachsen kann, in dem er erkennt, annimmt und heilt, sich erholt, bis das nächste Thema aufkommt. Unser Herz weiß das alles bereits.

Und trotzdem wird jeder von uns die Erfahrung der Überforderung machen. Es ist so ein gutes Gefühl zu spüren, wie man immer mehr begreift und wächst, sodass man sich irgendwann in einer Dauerschleife der Selbstoptimierung und des Hinterfragens und Verbesserns befinden kann. Aber auch genau das ist eine wichtige Erfahrung, wenn du sie wählst beziehungsweise erlebst, und stellt keineswegs das eigene Versagen dar. Alles passiert aus einem Grund und ist richtig und wichtig. Alles lässt dich wachsen und dich erfahren. Auch wenn wir manchmal das Gefühl haben, uns verrannt zu haben und nicht mehr klar zu sehen, oder uns mal nicht so gut bei der Sache fühlen, dann ist das genau die Erfahrung, die wir in diesem Moment brauchen. Wir erkennen gerade dann, was uns noch beim Weiterkommen hemmt, und sobald wir es erkennen, können wir es auflösen.

All das darf sein, und all das ist genau das, was wir dann in diesem Moment erfahren sollen. Der Unterschied zum früheren Verhalten sollte nur sein, sich nicht hineinzusteigern, nicht mehr zu bewerten, sondern eine beobachtende Rolle einzunehmen und zu vertrauen, dass all das zum eigenen Wohl passiert.

Du bist nicht allein! Wir alle erleben die gleichen Herausforderungen, nur jeweils unterschiedlich verpackt. Wir alle lernen zu vergeben, loszulassen, zu lieben, anzunehmen, zu heilen und so vieles mehr, durch die Erfahrung dessen, was wir nicht sind. Wir sind niemals allein mit unseren Gedanken und Gefühlen, und wir brauchen es auch nicht zu sein. Wir dürfen Hilfe annehmen, wenn wir mal nicht weiterkommen, und andere um Rat bitten, die genau das erlebt haben und daran gewachsen sind. Sie kennen den Weg hinaus aus der Illusion und können uns wertvolle Tipps geben. Das können Coaches sein, aber wir können uns auch einfach in unserem Umfeld umgucken. Wer lebt bereits das, wohin du möchtest?

Entspanne dich, komm zur Ruhe, vertraue, gib dir selbst die Liebe, die Anerkennung und alles, was du in diesem Moment im Außen suchst, und du wirst erkennen, dass bereits alles da ist, dass es in dir steckt und nur darauf wartet, gesehen zu werden. Gefühle entstehen aus uns heraus, nicht in uns hinein. Du musst nichts suchen, du bist bereits vollständig.

Je lauter es in unserem Kopf wird, desto wichtiger ist es, dass wir wieder in uns gehen, denn nur dann haben wir die Möglichkeit, unsere innere Stimme, unser Navigationssystem, zu hören und können vertrauen in dem Wissen, dass unser Ziel in uns liegt.

***

Higher Self on! Wie wir uns einpendeln

Je besser ich mich fühlte, desto größer wurde irgendwann die Angst, diese neue Welt, die ich mir aufgebaut hatte, wieder zu verlieren. Ich ließ also negative Gefühle nicht zu, sperrte alles weg, was mich wieder hinunterziehen könnte, und versuchte, meine hohe Schwingung dauerhaft aufrechtzuerhalten. Vermutlich musst du schon schmunzeln, wenn du das hier liest. Denn es war ja klar, dass das nicht lange gut gehen würde.

Jedoch weißt du, wie Albert Einstein so schön sagte:

Gott würfelt nicht.

Nichts im Leben geschieht aus Zufall, und so war auch dieses Erlebnis eine wichtige Markierung auf meinem Weg zu einer essenziellen Erkenntnis. ICH BIN. Alle diese Anteile gehören zu mir.

Stell dir nur einmal vor, eine Erregung oder gar ein Orgasmus würde für immer anhalten – wir würden durchdrehen. Wir brauchen alle Seiten des Lebens, wir müssen ein- und wieder ausatmen, wir müssen angespannte Zustände erleben, um uns wieder zu entspannen, wir müssen gute Gefühle annehmen, aber auch wieder loslassen, um sie dann, wenn sie wiederkommen, in ihrer Vollkommenheit zu erkennen und sie uneingeschränkt genießen zu können.

Jedoch müssen wir nicht immer wieder in die Tiefen rutschen, die wir bereits kennengelernt haben. Auch ein neutraler

Zustand entspannt, oder ein Zustand des inneren Friedens. Ich fragte mich also, wie ich es schaffen konnte, meine Skala der Gefühle immer mehr zu steigern – den Ausschnitt, die Spanne, in der ich mich auf- und abbewege, aber unverändert zu lassen, sodass ich mich nach und nach immer mehr stärke, immer stabiler werde, aber trotz alledem unterschiedliche Gefühlszustände erlebe.

Unser Bewusstsein ist direkt verbunden mit unserer Schwingung. Je höher wir schwingen, desto weiter ist auch unser Bewusstsein, und desto mehr nehmen wir auf der Frequenz unserer Schwingung wahr. Wir senden unsere Schwingungswellen aus. Diese treffen auf die Wellen anderer Energien, beispielsweise von Menschen oder Tieren, oder auch von Büchern oder bestimmten Nachrichten. Stimmen sie mit unserer Schwingung überein, dann gehen sie ineinander über und werden eins. So verbindet sich dieses Energiefeld also mit deinem, du nimmst es wahr und richtest deinen Fokus automatisch darauf aus.

Und so schwingst du immer höher und weiter, wodurch dir nach und nach immer mehr Dinge auf deinem Weg begegnen, die dich weiter in Richtung deiner Wahrheit bringen und dir helfen, dein wahres Sein zu erkennen. Natürlich ist es das gleiche Prinzip an Tagen, an denen die Schwingung niedrig ist – nur ist es dann umgekehrt.

Das kennen wir wohl alle. Wenn es dir gut geht, dann gehst du durch die Straßen und siehst die Graffiti-Herzen an den Hauswänden, siehst Werbung für Traumreisen, dein Blick bleibt im Buchladen an tollen, neuen Büchern hängen, die dir eine neue Perspektive eröffnen, du siehst, wie sich die Vögel sonnen und findest die Welt wunderschön. Wenige Tage später gehst du dieselbe Strecke, dein Blick fällt aber auf die antisemitischen Sprüche, auf die Zeitung mit Horror-Nachrichten von Krieg und Umweltkatastrophen, und beim Vorbeigehen an der Buchhandlung bleibt dein Blick an Büchern über Depressionen, an Krimis oder Thrillern hängen, und du ärgerst dich über die vollgesch... Bank, auf der du Platz nehmen möchtest, ja, du empfindest das Leben als grausam.

Es ist also gar kein Wunder und keine Hexerei, dass sich unsere äußere Welt verändert, wenn wir an unserer inneren Welt arbeiten und unsere Schwingung erhöhen. All das um uns herum war bereits da, nur konnten wir es nicht wahrnehmen, da es nicht in unserem Schwingungsbereich lag.

Wenn wir aber verstehen, dass sich diese Energien gegenseitig beeinflussen, dann haben wir die Möglichkeit, bewusst Einfluss auf unsere eigene Energie zu nehmen, indem wir unseren Fokus auf Energien lenken, die höher schwingen als wir selbst. Das können wir besonders an den Tagen tun, an denen es uns nicht gut geht und unser Ego das alte Ich hervorholt, oder uns in unsere Komfortzone setzt. Daher sind auch im Prozess der eigenen Schwingungserhöhung Routinen besonders wertvoll. Denn durch die Gewohnheit positiver, angenehmer Routinen können wir unsere Schwingung auf ein neues Level einpendeln. Wir hinterfragen also nicht mehr, „Soll ich das heute tun, oder nicht?“, wir machen es einfach so wie das Zähneputzen, und rutschen dann nicht mehr in dichtere Frequenzbereiche ab.

Das ist auch der Grund, weshalb Kristalle und schöne Worte beispielsweise eine so starke Wirkung haben. Oder warum wir uns in der Gegenwart bestimmter Personen so wohl fühlen und mit ihnen über Themen sprechen können, über die wir mit anderen nicht reden; auf neue Ideen kommen, oder uns ganz anders fühlen. Das hat mit den Eigenschaften von Energien zu tun, bei denen die stärkeren die schwächeren beeinflussen. Anhand der Aura kann man das sehr schön erkennen, weil sich die gesamte Energie in einem Raum verändert, sobald eine sehr bewusste und hochschwingende Person den Raum betritt. Sogleich ändert sich die Aura, also das Energiefeld der anderen, und nimmt die Farbe der Aura des höher schwingenden Menschen an. Nicht jeder kann es sehen, aber man kann es spüren.

Es gibt ein sogenanntes Kollektivbewusstsein, und wir sind jederzeit alle miteinander verbunden. Unser Körper und unser Bewusstsein enden nämlich nicht mit unseren physischen Körperbegrenzungen, sondern können weit darüber hinausgehen. So können wir uns bereits aus einigen Metern Entfernung mit anderen Menschen verbinden und wahrnehmen, wie es der betreffenden Person geht und wie sie sich fühlt.

Aber auch unsere Erde hat ein Bewusstsein und eine bestimmte Schwingungsfrequenz, und das Wundervolle daran ist, dass wir uns gegenseitig beeinflussen können. Also: Mensch – Erde, Erde – Mensch.

Ändern wir unser Bewusstsein auf der Erde, dann gleicht sich ihre Schwingung der unseren an. Und das bedeutet auch, dass dann neue Generationen von Geburt an höher als die vorangegangenen schwingen, und auch Personen mit niedriger Schwingung, die sich dessen nicht bewusst sind, verändern sich und passen sich durch die Verbindung mit Allem-was-ist dem Kollektivbewusstsein unbewusst an und erhöhen ihre Schwingung automatisch. Wir sind jederzeit verbunden mit der Erde, und alle unsere Schwingungen und unser Bewusstsein fließen über diese Verbindung zusammen.

Alles, was existiert, ist Bewusstsein. Dein Stuhl, auf dem du sitzt, der Apfel, in den du beißt, die Luft, die du ein- und ausatmest.

Spürst du diese Verbindung? Es gibt nur *eine* Luft. Diese eine Luft ist Alles-was-ist. Sie ist Bewusstsein, sie ist Schwingung. Du atmest die Luft ein, die ich ausatme. Du atmest meine Worte ein, die ich aussende. Jeder deiner Atemzüge trägt Informationen mit sich. Du atmest das Bewusstsein deiner Umgebung ein und gibst deins ab, teilst es. Annehmen, loslassen, annehmen, loslassen. Ganz automatisch. Und trotz alledem haben wir manchmal das Gefühl, zu klein zu sein, um die Welt zu verändern. Dabei trägst du mit allem, was du tust, jede einzelne Sekunde zum Bewusstsein dieser Welt bei.

Und nun erinnere dich daran: Je intensiver, je stärker und je bewusster die Energie ist, die du aussendest, desto weiter ist dein Energiefeld und desto mehr Energien in deinem Umfeld beeinflusst du. Und das allein mit deinem Sein. Das ist die wahre Bedeutung, die die Erleuchtung in sich trägt.

ICH BIN.

Du bist ein Teil von allem. Du bist verbunden. Du bist einzigartig. Würdest du fehlen, dann könnte das Leben nicht existieren. Du bist wie ein Puzzleteil in einem unendlichen Puzzle. Du hast deinen Platz, und nur du besitzt diese einzigartige Form, diesen zu füllen.

So ist es auch im Leben. Du bist unglaublich wertvoll und trägst ein einzigartiges Geschenk in dir.

Tief im Inneren sind wir alle gleich. Du fühlst, was ich fühle. Du denkst, was ich denke. Aber trotz alledem bist du einzigartig.

Auf der gesamten Welt gibt es keinen Menschen, der die gleiche Kombination aus Wissen, Fähigkeiten und Vorlieben in sich trägt, wie du sie hast.

Ich glaube, dass jeder von uns seine Aufgabe hier auf der Erde hat und auch du dein individuelles Geschenk in dir trägst, mit dem du deine Erfüllung finden kannst und gleichzeitig das Leben vieler anderer Menschen auf wundervolle Art berührst.

Jeder einzelne Mensch, der diesen Weg geht, der seine Schwingung erhöht und sich seiner eigenen Wahrheit bewusst ist, beeinflusst das Leben vieler anderer Menschen positiv. Du bist auf einem sehr bedeutungsvollen Weg. Du musst im Außen nichts beweisen, du musst nichts erschaffen, um bedeutungsvoll zu sein. Du bist es, weil du bist. Sei das Licht, das du dir auf der Welt wünschst, und du wirst es sein.

***

Die Erleuchtung

Der Tag meines Treffens mit Conny war gekommen. In unserem Gespräch eröffnete sie mir, sie wolle mit mir arbeiten und mich unterstützen, ohne dass ich etwas dafür zahlen würde, denn sie spürte, ich wäre die Person, um die sie gebeten hatte, auch wenn sie heute noch nicht genau wüsste, worin meine Aufgabe bestehen würde. Aber ihr sei klar, dass ich ihr irgendwann mehr zurückgeben würde, als ich jemals von ihr bekommen und ich ihr neue Dimensionen eröffnen könnte.

Etwas merkwürdig fand ich das schon, nahm es aber freudig an, denn es war nicht so, dass ich in Geld schwamm. Zu dem Zeitpunkt wusste ich noch nicht, dass sie in mir bereits das sah, woran ich noch nicht einmal zu glauben wagte.

Bei diesem Treffen lernte ich als Erstes etwas über unsere Seele. Wir schafften Ordnung in meinen Gedanken, und ich bemerkte zum ersten Mal, dass ich seit Jahren schon nicht mehr in meinem Körper war. Was folgte, war tagelange Arbeit, mich wieder zu erden und mit mir selbst zu verbinden. Wir sahen uns fast wöchentlich, und ich spürte immer mehr, wie ich aus meinem Winterschlaf erwachte und zu mir kam.

Wenn wir beginnen, spirituell zu arbeiten, ist es sehr wichtig, mit der Erde verbunden, also verwurzelt, zu sein. Wir können nur dann über unsere Sinne wahrnehmen, wenn wir mit unserem Körper verbunden sind. Ich selbst hatte jahrelang das Gefühl, irgendwie abwesend zu sein, nicht direkt am Leben teilzunehmen, war immer in Gedanken und irgendwo anders.

Ich aß Unmengen, weil ich kein Sättigungsgefühl empfand, mich aber Geschmack und Kaubewegungen irgendwie befriedigten. Ich hatte keine Lust mehr, Sport zu machen, weil es mir viel zu anstrengend war, mit dem Ergebnis, dass ich dauerhaft müde war, ohne es mir erklären zu können, und selbst nach langen Schlafphasen war ich alles, nur nicht erholt. Dass all das zu den Auswirkungen dessen gehörte, dass ich selbst als Seele, als Bewusstsein, nicht in meinem Körper war, daran hätte ich im Leben nicht gedacht.

Teil meiner Reise zurück zu mir bestand also erst einmal darin, wieder in das Leben einzutreten, es nicht von außen zu betrachten, und meinen Körper schätzen und lieben zu lernen. Ich begann, mehr in die Natur zu gehen, lief, wenn möglich, barfuß, ernährte mich zum großen Teil nach ayurvedischem Vorbild von Beeren, Obst und Gemüse, das nah am Boden oder bestenfalls unter der Erde wuchs und somit erdende Eigenschaften mit sich brachte, und verband mich mehrmals täglich bewusst visuell mit der Erde, indem ich mir vorstellte, wie Wurzeln aus meinen Füßen tief ins Erdreich gingen und mir Halt gaben. Auch Affirmationen wie „Ich bin tief verwurzelt im Hier und Jetzt", oder die Arbeit mit den unteren Chakren halfen mir, wieder hier auf der Erde anzukommen.

Hätte ich Conny damals nicht kennengelernt, dann würde ich vermutlich noch heute im Universum herumschweben, und so bin ich ihr zutiefst dankbar für ihre Unterstützung und das Verständnis, das sie mir entgegenbrachte. Sie selbst wusste um all diese Dinge und verstand, was ich erzählte, auch wenn all dies für mich weit von meinen eigenen Vorstellungen entfernt war. Aber durch ihre Unterstützung hatte ich den Mut, mir das anzuschauen und mich nicht von meiner Angst der Ungewissheit leiten zu lassen, mich aus meiner wohlbekannten Komfortzone herauszubewegen und diese neue Welt, die sich mir nun langsam eröffnete, zu erforschen.

Ich weiß aber sehr wohl, dass nicht jeder einem solchen Thema so freudig und gespannt gegenübersteht wie sie. Und ich weiß auch, dass nicht jeder das Glück hat, solch eine Unterstützung im direkten Umfeld zu bekommen.

Aber: Glaube an dich und verzweifle nicht, auch wenn andere deine Realität nicht kennen und nicht verstehen, was du sagst. Wenn diese Wirklichkeit für dich existiert und sie dir guttut, dann glaube daran. Es geht nicht darum, was existiert und was nicht. Siehst oder spürst du etwas, dann existiert es in deiner Realität. Nehmen andere das nicht wahr, dann ist deine Realität nicht falsch, sondern einfach (noch) nicht ihre. Aber was ich dir versprechen kann ist, dass du automatisch Menschen in dein Leben ziehen wirst, die dich verstehen. Du kannst auch direkt um diese Unterstützung bitten, die Energie deiner Bitte wird ankommen. Aber auch im Internet finden sich wundervolle, inspirierende Persönlichkeiten, mit denen du dich auf Instagram verbinden kannst, oder deren Podcasts oder YouTube -Videos du dir als Inspiration anhören oder anschauen kannst. Denn egal, was passiert – du bist niemals allein!

Eines Tages dann (so fangen doch die besten Geschichten an) passierte es:

Conny und ich hatten zu zweit eine Aufstellung vorgenommen und meinen Lebensweg aufgestellt. All der Schmerz, all meine Erlebnisse, alle daraus entstandenen Überzeugungen, all das lag schön nach Alter des Geschehens geordnet vor mir. Ich spürte, wie sehr mich dieser Schmerz einengte, wie sehr mich all das zerstörte. Wie ich mit dieser Vergangenheit jemals wieder Glück empfinden könnte, wusste ich nicht. Ich verstand, dass ich all das festhielt und als Ausrede für mein Versagen in verschiedenen Lebensbereichen benutzte.

Aber auf einmal spürte ich einen Ruck und sah ein Bild. Es war wie ein geöffnetes Netz, das sich um mein Leben schlang, alle Trauer, aller Schmerz, alle Vorwürfe, all die Dinge, die ich erfahren hatte, mit denen ich mich identifizierte und nach denen ich lebte, all das lag auf diesem Netz offen vor mir. Ich verstand, dass ich nun die Möglichkeit hatte, die gesamte Dunkelheit meiner Vergangenheit loszulassen. Ich verstand, dass nur eine Entscheidung zwischen dem Jetzt und einem völlig neuen Leben lag. Zwar wusste ich nicht, wie dieses ohne Schmerz, Angst, Leid und Vorwürfe aussehen würde, aber ich wusste, ich wollte es versuchen. Mit dieser Entscheidung schloss sich das Netz mitsamt aller negativen Gefühle und Gedanken und flog davon.

Dazu muss ich erklären, dass ich all diese Geschehnisse immer visuell sehe und gleichzeitig spüre, aber da ist jeder von uns anders. Allerdings hat jeder von uns seinen eigenen Kanal, über den er am besten Dinge wahrnimmt. Deinen Kanal legen wir in einem späteren Kapitel frei! Solltest du also keine Bilder sehen, dann mach dir keine Sorgen, in dem Fall hast du womöglich ganz andere Fähigkeiten. Was ich dir aber bereits jetzt verraten kann: Ich bin kein Einzelfall. Alles, wovon ich hier erzähle, kann jeder von uns erfahren. Und das Einzige, was wir dafür tun müssen, ist uns dem zu öffnen.

Ich habe also in dieser einen Sekunde die Entscheidung getroffen, alle dunklen Teile in mir loszulassen.

Als ich wieder zur Besinnung kam, spürte ich in mich hinein und... Da war nichts! Nur Raum. Helles, Licht, Leichtigkeit. Sonst nichts.

Ich musste mich erst mal hinsetzen, so verwundert war ich.

Da kam mir ein Bild vor Augen: Ich sah meine dünne Leitung, über die ich bisher meine Informationen empfangen hatte und die von meiner Kopfspitze ins Universum führte. Mich überkam Angst, diese wieder zu verlieren oder dass sie reißen würde. Ich sprach meine Angst aus, woraufhin Conny mir die Frage stellte: „Was kannst du tun, um deine Verbindung zu stärken? Wie kannst du dein Rohr stärken? Welches Material würde allem standhalten?"

Immer noch die Augen geschlossen, spürte ich in die Verbindung hinein. Und dann geschah es: Meine Leitung verwandelte sich in einen weiß-goldenen Lichtstrahl, und dieser Lichtstrahl wurde immer größer und größer, heller und heller, bis er mich komplett umschloss. Auf einmal drehte sich meine gesamte Welt. Mein Bewusstsein füllte sich mit tiefer Liebe und einem Urvertrauen, wie ich es noch nie zuvor gespürt hatte. Ich war eingehüllt, ich war verbunden, Grenzen verschwanden, ich war Liebe. Ich war verbunden mit Allem-was-ist. Und in dem Moment wusste ich, dass alles immer zu meinem Besten geschehen war, mein Leben lief vor mir ab wie ein Film, und auf einmal fügte sich alles zu einem großen Bild zusammen.

All das war geschehen, um mich heute hierher zu bringen. All das hatte ich erfahren, um mich zu erkennen. Auf einmal ergab alles Sinn.

Und plötzlich waren diese Erfahrungen nicht mehr dunkel, sondern wundervoll und mit Liebe erfüllt, denn sie waren immer *für* mich, zu meinem Wohl. Ich wusste, ich kann vertrauen, denn nichts im Leben geschieht aus Zufall. Alles ergibt ein großes Bild, in dem jeder Mensch seine Aufgabe erfüllt. Wir arbeiten alle zusammen für das eine, große, übergeordnete Ziel: LIEBE. Um uns zu erfahren, zu erwachen, zu erschaffen, zu sein. Einfach nur zu sein!

Bilder schossen an mir vorbei, die ich zu dem Zeitpunkt noch nicht deuten konnte, ich sah die großen Zusammenhänge unseres Handelns, unseres Seins, unseres Lebens. Und all das geschah gleichzeitig.

Aber dann lenkte etwas meine Aufmerksamkeit auf sich, als wäre all das noch nicht genug gewesen. Ich blickte hoch, zu diesem schönsten Licht, zu dieser Energie, zu einer Stärke, wie ich sie im Leben noch nie erlebt hatte. Leider kann kein Wort dem gerecht werden, was ich spürte. In dem Moment wusste ich: Das ist Gott!

Bis zu dieser Sekunde hatte ich nie an die Existenz von etwas Höheren geglaubt, Gott war für mich eine von der Kirche erfundene Person. Aber nun, in diesem Moment, war seine Existenz keine Frage mehr.

Wenn du auch Probleme mit diesem, leider von uns unschön besetzten Begriff hast, nenn es Quelle, Schöpfer, Buddha, Allah, wie du willst. All das beschreibt dasselbe. Es ist die pure Energie der Liebe unseres Seins, aus der wir alle kommen.

Es war der Moment, in dem ich verstand, dass ich Gott war. Dass jeder von uns Gott ist, dass wir alle miteinander verbunden sind und dieses Licht in uns tragen. Dass wir alle ein Ausdruck dieser Göttlichkeit sind. Dass wir alle gleich sind. Und dass wir alle wunderschön sind. Dass Gut und Schlecht nicht existieren, sondern nur unsere Bewertungen neutralen Situationen eine Bedeutung und damit Leben verleihen. Wir sind. Das ist Alles-was-ist.

Auch die Tage danach hielt dieser Zustand an.

Am nächsten Tag flog ich mit meinen Eltern nach New York. Ich lief durch die Straßen und sah die Menschen mit anderen Augen, mit Augen, die etwas sahen, was sie nie zuvor gesehen hatten.

Ich konnte das Licht in jedem von ihnen sehen – mal sehr hell, stark leuchtend und groß, mal klein und versteckt. Aber in jedem war dieses Licht, das uns alle miteinander verbindet.

Den Körper habe ich als solches nicht mehr wahrgenommen, er war einfach nur eine Hülle, die jeweils unterschiedlich aussah. Mir kam gar nicht in den Sinn, diese Menschen zu bewerten, denn im Herzen waren wir alle gleich. Es gab keinen Unterschied, es gab niemanden, der weniger schön oder wertvoll gewesen wäre.

Ich blieb in meinem Lichtstrahl und war ununterbrochen verbunden, verbunden mit Gott, mit dem Leben, mit mir, mit allem. Ich stellte Fragen und schrieb auf, konnte nicht glauben, was ich erfuhr. Ich wusste, ich würde nie mehr leben wie zuvor.

Wäre mir zu dem Zeitpunkt bewusst gewesen, dass dies nur der Anfang sein sollte, ich wäre vom Glauben abgekommen. Mir eröffneten sich Welten, die sich mit unserer Sprache nicht beschreiben lassen, auf Ebenen, auf denen es keine Worte gibt, Ebenen reinen Bewusstseins. Ich schwebte praktisch durch die Straßen, liebte alles, was ich sah, fühlte, nahm wahr, erlebte bedingungslos. Ich vertraute und wusste, dass mir niemals etwas passieren könnte. Ich wusste, unser Sein war unendlich, erkannte die Illusion des Todes, die unser Denken, Fühlen und Handeln beeinflusst und uns durch die Industrie zu Marionetten macht.

Nach fünf Tagen stellte sich zum ersten Mal wieder mein Verstand ein, und ich fragte mich, wie wohl mein Leben verlaufen würde, wenn ich dauerhaft in diesem Zustand bliebe? Ist Leben in Erleuchtung auf der Erde überhaupt dauerhaft möglich? Ist das Sinn der Sache? Ist das ein Zustand, den wir anstreben sollten? Was ist Leben wirklich?

Ich erkannte, dass ich meine Aufgabe so nicht erfüllen konnte und das Verweilen in diesem Zustand nicht Sinn meines weiteren Lebens war. Ich war in einem Zustand des puren Seins und strebte nach nichts mehr, keinem Geld, keinem Erfolg, keiner Anerkennung. Ich war reich in mir, war erfüllt und vollkommen, in tiefer Liebe und im unendlichen Glück in jedem Moment. Ich hätte mich auf einen Stein setzen und tagsüber die Sonne und nachts den Mond anstrahlen und lieben können. Einfach nur sein.

Auf dieser Ebene musste ich nichts mehr erschaffen, ich musste nichts mehr tun, denn ich war erfüllt im bloßen Sein. Aber ich wusste auch, dass das nicht der Sinn unserer Existenz auf der Erde ist. Es war ein Zustand, aus dem wir alle einst gekommen sind und zu dem wir alle wieder zurückkehren werden. Wir kommen aber nicht hierher, um in diesem Zustand zu bleiben, sondern wollen uns erfahren. Uns im Ganzen, alle Seiten kennenlernen, die wir auch sein können, die wir sind und gleichzeitig nicht sind: die Dualität des Lebens.

Ich wusste auf einmal: Wenn ich erschaffen wollte, dann musste ich zurückgehen. Gleichzeitig wusste ich, dass all die anderen Gefühle mich unterstützen und mir helfen würden, meinen Weg zu gehen. Dass bloß meine Bewertung darüber entschied, ob etwas zu meinem Glück oder Unglück beitragen würde. Dass das Leben nicht einfach passiert, sondern ich es selbst erschaffe. Ich wusste, dass ich viele Menschen inspirieren könnte, würde es mir gelingen, meine Erfahrungen und Erkenntnisse zu leben. Würde ich es schaffen, all das umzusetzen und meine Wahrheit zu *sein*. Und auf einmal war mir bewusst, wie machtvoll ich war, wie viel Kraft und Liebe in mir steckte, und dass dieses Potenzial in jedem von uns ruht und darauf wartet, entdeckt zu werden.

Und ich sah, wie wundervoll unsere Palette an Gefühlen eigentlich ist. Stell dir einmal vor, du würdest nur noch Liebe empfinden, eine Achterbahn, die nur geradeaus fährt, am höchsten Punkt bleibt, kein Auf und Ab mehr. Wäre das nicht langweilig?

Aber wir brauchen die Entspannung, die Achterbahn muss wieder runterfahren und Schwung holen, um dann ihren Höhepunkt zu erreichen. Genau diese Dualität, das Groß und Klein, Gut und Böse, Dick und Dünn, Positiv und Negativ, alle diese Dinge machen unser Leben aus und helfen uns, uns in unserer Vollkommenheit zu erfahren. Denn du bist nicht nur bedingungslose Liebe, du bist viel mehr. Du bist alles, was existiert, denn du vereinst das gesamte Universum an Erfahrungen in dir. Du bist.

Und wenn wir beginnen, das wirklich zu verstehen, es zu spüren, mit jeder Zelle unseres Körpers, wenn wir beginnen, uns zu verstehen, unseren Blick zu weiten, mal nach rechts, mal nach links zu schauen, zu vertrauen, anzunehmen und loszulassen und uns und das Leben nicht allzu ernst nehmen, was können wir dann alles erreichen?

Und dafür müssen wir nicht bewusst erleuchtet sein. Wir müssen nur die Entscheidung treffen, unsere Augenbinde abzunehmen und uns dafür zu öffnen, dass womöglich mehr existiert, als wir bisher sehen und wahrnehmen konnten. Wir sollten verstehen, dass es nicht nur *eine* Realität gibt, nicht nur *eine* Wahrheit, und dass das Leben nicht einfach passiert, sondern wir es selbst erschaffen. Denn: Wie wir die Dinge sehen wollen und bewerten, so sind sie für uns und formen unsere Welt. Sehen eintausend Menschen eine Situation, wird es eintausend unterschiedliche Beschreibungen dieses einen Geschehens geben. Jeder sieht die Welt durch die Brille seiner eigenen Erfahrungen und inneren Überzeugungen, die er jahrelang getragen hat und aus der er seine Realität erschafft. Wir alle sind Schöpfer, und das jeden Tag, in jeder einzelnen Sekunde. Und gefällt uns nicht, was wir sehen, dann können wir das Außen nur ändern, indem wir in unser Inneres gehen, denn unser Leben, das Außen, ist ein Spiegel unseres Inneren.

Durch meine Erfahrung habe ich alle Seiten des Lebens lieben gelernt. Ich habe die Erfahrung der Erleuchtung gebraucht, genauso wie die des jahrelangen Getrennt-Seins, um mich zu erkennen. Alle Erfahrungen, die ich in meinem Leben gemacht habe, haben mich dorthin geführt, wo ich heute bin. Und nur, weil ich jahrelang sehr viel Dunkelheit und Tiefe erfahren habe, kann ich heute das Licht wahrhaft schätzen, aber auch jeden anderen verstehen, der noch nicht bewusst aus reiner Liebe handelt und vom Verstand oder von seinem Ego geleitet wird.

Ich bin kein Einzelfall, sondern eine von all den vielen, die gerade erwachen, und möchte mit meiner Sichtweise inspirieren und diese Erfahrung jedem anderen ermöglichen, der Erkenntnis sucht.

Denn eins ist sicher: Wir alle können diesen Zustand erreichen.

Wenn du dir auch wünschst, das Leben anders zu sehen, dich selbst wirklich annehmen und lieben zu können, deine eigene Schönheit zu sehen, wenn du diese wunderbare Welt in dir entdecken, morgens bereits mit einem Lächeln und mit Freude und Liebe erfüllt aufwachen möchtest, dann wirst du es auch schaffen.

Du kannst alles schaffen, was du wirklich willst. Du bist machtvoller, als du denkst. Du kannst! Und du hast es mehr als verdient, diese Fülle zu leben! Zwischen uns und unserem höchsten Selbst liegt nur eine Entscheidung.

Bist du bereit?

Bewusstsein ist der Schlüssel. ICH BIN meine Wahrheit.

Wer bist du?

***

Own your Story

Gott würfelt nicht. Das war wohl einer von Albert Einsteins Lieblingssprüchen und wurde im Laufe des letzten Jahres auch ganz klar zu meinem. Denn wenn mir eins im letzten Jahr bewusst geworden ist, dann *das*: Nichts, aber auch gar nichts in unserem Leben, passiert aus Zufall! Unser Leben ist kein Zufallsprodukt oder ein Witz von Gott – auch wenn es sich manchmal so anfühlt. Alles, und wirklich alles, was ist und geschieht, unterliegt einem bis zum letzten Staubkorn durchgeplanten System.

Es war Weihnachten 2018. Meine Mama kam auf mich zu und übergab mir mein Geschenk. Mit Vorfreude im Bauch zog ich vorsichtig an der goldenen Schleife. Als ich das Papier öffnete, erkannte ich, dass es sich um ein Buch handelte, in Din-A4 und mit buntem Papier. Ich drehte es um und auf dem Cover sah ich... mich! Meine Mutter erzählte mir, dass sie nach meiner Geburt eine Art Horoskop von einer bekannten Astrologin habe erstellen lassen, die auf Grundlage der zu dem genauen Zeitpunkt meiner Geburt wirkenden Planetenkonstellationen und herrschenden Energien eine genaue Vorhersage für meine Kindheit und mein Leben bis zum Erwachsenenalter erstellte. Also bis zu meinem heutigen Tag. Ich konnte zu dem Zeitpunkt noch nicht ahnen, was ich wenig später über mich lesen würde.

Bereits am nächsten Morgen nahm ich das Heft nichtsahnend zur Hand und fing an, die ersten Seiten zu lesen. Und was ich dort sah, überstieg alles, was ich mir jemals hätte vorstellen können.

Diese Frau schrieb, als sei sie ich. Sie gab in genausten Einzelheiten meine Gedanken und Muster meines Lebens in jedem einzelnen Lebensjahr wider. Sie sagte voraus, was ich erleben und erfahren würde, was mir gefallen würde und was nicht, kannte meine Stärken und Schwächen, wusste, welche Rollen ich wann einnehmen würde und wie meine Freundschaften sein würden. Sie wusste, ich würde zuerst das Denken meines Vaters übernehmen, auf Intelligenz und Titel setzen, ehe ich zu Beginn meines Erwachsenenalters zur Spiritualität, dem Teil meiner Mutter, finden würde.

Ich las weiter, und dabei wurde mir zum ersten Mal klar, wie unglaublich perfekt unser Universum funktioniert. Wortwörtlich stand dort geschrieben, ich würde das Schulsystem verändern und eine bedeutsame Speakerin werden. Solltest du mich bereits kennen oder von mir gehört haben, dann läuft dir gerade womöglich ein Schauer über den Rücken, denn genau so ging es mir auch. Und sollte dieses Buch das erste sein, was du von mir siehst, dann wirst du später noch erkennen, wovon ich gerade spreche.

Auf einmal fügte sich das ganze Bild. Ich sah meinen Weg vor mir liegen und verstand, dass ich all das erfahren wollte und musste, um mich auf das vorzubereiten, was nun vor mir lag. Ich hatte es selbst gewählt, und es hatte perfekt funktioniert. Unbewusst wurde ich von äußeren Gegebenheiten in die Rolle dieser meiner Person gebracht, mit Fähigkeiten, Ängsten, Wünschen und Träumen versehen, um, ohne es zu wissen, die Vision zu entwickeln, für die ich heute gehe. Teile meines Lebens, für die ich mich geschämt, Menschen, die ich bis dahin verflucht hatte, wurden auf einmal zu Engeln, zu Freunden, die mir geholfen hatten, mich zu dem Menschen zu machen, der ich heute bin. Jede Erfahrung war *für* mich! Jeder Mensch wollte mir nur helfen.

Ich konnte kaum fassen, was ich dort las. Bereits vor einigen Jahren hatte mir meine Mutter schon einmal das Heft zum Lesen gegeben. Damals brach ich nach wenigen Seiten ab, da ich mich in der Beschreibung kein bisschen wiederfand. Spiritualität war mir so fremd, dass ich keinen Grund sah, weiterzulesen. Und nun saß ich davor, warme Tränen der Dankbarkeit, der Freude und Erfüllung liefen meine Wangen hinunter, weil ich nun wusste: Ich hatte meinen Weg gefunden! Ich war richtig! Die jahrelange Suche nach meinem Sinn des Lebens hatte sich gelohnt. Ich war angekommen, und nun durfte es richtig losgehen.

Es war auch der Moment, in dem ich verstand, weshalb meine Eltern in all den Jahren nie die Hoffnung verloren, immer weiter an mich geglaubt hatten und mich das Leben leben ließen, was ich meinte, leben zu wollen – oder zu müssen. Und es war der Moment, in dem ich erkannte, wie weitreichend und bis zum letzten Punkt durchdacht, wie genial unser Leben ist, wie wir ein Teil eines unendlichen Plans sind, und auch wenn wir häufig denken, uns festgefahren zu haben, uns weit weg von uns zu bewegen und entgegen unserer Bestimmung zu handeln, dass auch das Teil unserer Erfahrungen ist, die wir sammeln und erfahren möchten und brauchen, um uns auf das, was vor uns liegt, vorzubereiten.

Ich glaube fest daran, dass jedes Leben einem größeren Sinn unterliegt. Wir haben einen Grund, weshalb wir hier sind. Manche nennen es Seelenaufgabe oder übergeordneter Plan. Wir haben gewisse Eckpunkte, die bereits vor unserer Geburt feststehen und uns durch unser Sein leiten und uns alle Erfahrungen unseres Selbst ermöglichen. Auch der Zeitpunkt unserer Geburt ist kein zufällig gewähltes Datum. Die Energien, die zu der Sekunde unserer Geburt herrschen, die Konstellation der Planeten und vieles mehr – sie alle ebnen uns unseren Weg und geben uns genau die Fähigkeiten mit, die wir auf unserem Weg brauchen. Wir werden nicht allein gelassen, wir bekommen von außen unser perfektes Umfeld geschaffen, um das zu erreichen, wofür wir da sind.

Wie ich nun eindrucksvoll gesehen habe, können wir selbst, indem wir diese Energien zum Zeitpunkt der Geburt auswerten lassen, genaue Rückschlüsse daraus ziehen, wie unser Leben verlaufen wird, und – noch viel interessanter – was es wirklich bedeutet, weshalb wir hier sind.

Unsere Eltern und unsere Familie, in die wir hineingeboren werden, sind kein Zufall. Sie schaffen die Grundlage für innere Überzeugungen – Grundlagen und Erfahrungen, die wir für unseren Weg der Selbsterkenntnis benötigen –, und das im direkten und indirekten Sinn, einige würden es auch positiv und negativ bezeichnen. Und gleichzeitig sind wir selbst die „Herausforderung“, die unsere Eltern für ihr eigenes Wachstum und Erkennen brauchen. Wir funktionieren wie Zahnräder. Dort, wo bei uns eine Lücke besteht, fügt sich der „Zahn“ des anderen genau ein. Wir geben einander unbewusst in jeder Sekunde, was wir brauchen, und das passiert mit jedem Menschen, dem wir begegnen.

Hast du dich nicht auch schon einmal gefragt, warum wir mit manchen Menschen super ins Gespräch kommen, und mit anderen nicht? Warum wir manche Menschen sofort sympathisch finden, und anderen gegenüber Abneigung empfinden, die wir uns nicht erklären können? Warum wir manchmal unüberlegt Dinge sagen, die eine unerwartete Reaktion beim Gegenüber auslösen, etwas in ihm triggern und nach außen befördern? Wir geben einander jederzeit das, was wir brauchen, um zu wachsen. Manchmal fühlt es sich gut an, und die andere Person inspiriert uns. Dann kann es aber auch sein, dass uns unser Gegenüber ein Verhalten spiegelt, was etwas in uns auslöst, was uns triggert.

Jeder Mensch, der uns begegnet, ist ein Engel. Manche nennen die Spiegel auch Arschengel, weil sie aus uns das herausholen, was wir uns nicht ansehen wollen.

Alles, was uns passiert, und ist es noch so hart, ist *für* uns. Es bereitet uns auf das vor, wofür wir da sind. Deine Geschichte kann zur Inspiration für andere werden, die Ähnliches durchleben.

Ich habe einmal eine Geschichte gehört, die genau das in wunderbarer Weise zeigt, und sie ging in etwa so...

Es waren einmal zwei Brüder, die in derselben Familie groß wurden.

Als sie erwachsen sind, besucht ein Mann den ersten Bruder. Er lebt auf der Straße, ist drogenabhängig und sieht keinen Sinn in seinem Leben. Der Mann fragt ihn: „Wieso lebst du denn auf der Straße und nimmst Drogen?“ Daraufhin antwortet der Bruder: „Meine Kindheit war grausam, mein Vater hat mich geschlagen, es gab nie genug zu essen, und ich habe meine Mutter bereits als Kind verloren, deshalb bin ich hier.“

Daraufhin geht der Mann zum zweiten Bruder. Er ist Unternehmer, hat eine wunderbare Frau, zwei Kinder und ist sehr glücklich und erfüllt. Der Mann kann es nicht glauben und fragt ihn: „Wie hast du es geschafft, hierher zu kommen?“ Daraufhin antwortet der Bruder: „Meine Kindheit war grausam, mein Vater hat mich geschlagen, es gab nie genug zu essen, und ich habe meine Mutter bereits als Kind verloren, deshalb bin ich hier.“

Own your Story! Deine Geschichte kann dich stark machen, sie kann dich aber auch umbringen. Wir allein entscheiden, wie wir mit unseren Erfahrungen umgehen, wie wir sie bewerten und was wir daraus machen. Vor unserer Vergangenheit wegzulaufen bringt uns nichts, an ihr festzuhalten und ihr die Schuld für unser scheinbares Versagen im Jetzt zu geben, bringt uns auch nichts.

Sobald wir aber die volle Verantwortung für unser heutiges Leben übernehmen, unsere Vergangenheit umarmen, daraus schöpfen, lernen, Erfahrungen umsetzen und sie für uns nutzen, sie integrieren und als einen Teil von uns annehmen, der uns gezeigt hat, was wirklich in uns steckt, dann geschieht es – das Wunder, die Magie! Dann haben wir die Kraft, ganz gleich, was passiert ist, unsere Geschichte zu lieben und gestärkt aus der Vergangenheit hervorzugehen. Sie bildet das Fundament, das uns zu der Person gemacht hat, die wir heute sind.

Heute bin ich für jeden Tag, den ich erlebt habe, zutiefst dankbar, denn ich durfte jahrelang erfahren, wer ich nicht bin, und lernen, mich wieder aus der Tiefe nach oben zu ziehen, zu vertrauen, loszulassen, anzunehmen und zu lieben.

Niemand wird die Welt verändern, der eine wunderbare Kindheit hatte. Du brauchst einen Grund, ein *Warum*, das so stark ist, dass du alles tust, um dafür loszugehen, was du erschaffen möchtest. Je größer deine Seelenaufgabe ist, desto tiefer wirst du bereits in deinem Leben gefallen sein. Und genau das ist *für* dich passiert. Schau nicht mit Wut oder Trauer auf deinen Weg zurück. Liebe ihn dafür, dass er dir ganz klar gezeigt hat, wofür du hier bist und was du in der Lage bist zu erschaffen.

Wir können uns einzelne Themen anschauen, wenn sie uns in gewisser Weise belasten. Das Wichtigste ist jedoch zu verstehen, dass all das nötig war und ein wundervolles, unendlich wertvolles und sinnvolles, wichtiges Zusammenspiel gewesen ist, um deine Geschichte zu schreiben, deine Persönlichkeit zu entwickeln, deine Erfahrungen und Lernaufgaben, damit du nun die Person bist, die du bist, die aufgrund ihrer Geschichte ihre (= deine) Zukunft erschaffen und andere Menschen inspirieren kann. Alles hat einen Sinn, und jede Erfahrung ist ein einzigartiges Puzzlestück im unendlichen Puzzle des Lebens.

Und nun werde ich etwas sagen, was sich vielleicht im ersten Moment widersprüchlich anhört, in Wahrheit aber meine Worte nur noch einmal von einer ganz anderen Seite beleuchtet:

Wir sind nicht da, um zu entdecken, sondern um zu erschaffen!

Wenn wir diese Überzeugung annehmen, dann öffnen wir uns in diesem Moment alle Türen. Solange wir glaubten, wir müssten etwas entdecken und es ginge im Leben darum, den Sinn zu „finden", schränken wir uns ein, denn das bedeutet letztendlich, dass dieser bereits existiert und wir ihn nur suchen müssen. Wir werden uns also im Außen orientieren und hoffen, ihn irgendwann zu finden, irgendwann genug gelernt zu haben, um das Leben und uns zu verstehen, und bewegen uns fortlaufend im bereits bestehenden Feld der Möglichkeiten.

Aber die Wahrheit ist, dass wir all das nur finden und verstehen können, wenn wir in unser Inneres gehen. Das Leben an sich besitzt keinen Sinn. Wohl aber gibt es einen Grund, weshalb wir hier und so sind, wie wir sind. Ja!

Aber einen Sinn können wir ihm nur selbst geben, indem wir die höchste Version der Vorstellung von uns selbst als Ausdruck nach außen bringen und genau das erschaffen, was wir erschaffen wollen, um uns so erfahren zu können, wie wir uns erfahren möchten.

Denn beim Erschaffen *finden* wir sowieso: nämlich uns.

Ich bin selbst gerade erst dabei, mich in diese Welt einzufinden, in der alles möglich zu sein scheint, in der alle Möglichkeiten der Zukunft bereits vorhanden sind, und in der die gesamte Vergangenheit aller Welten gespeichert ist, da es ein Ort ist, an dem Zeit nicht existiert, in dem alles bereits passiert und gespeichert ist. Ein Ort, der so unendlich ist, dass er unsere Vorstellungskraft übersteigt. Da ich diesen Ort erst kennenlerne und es Bereiche gibt, in die ich mich langsam einfinde, die ich gerade erst selbst erfahre und die ich erforsche, möchte ich an der Stelle noch nicht im Detail darüber berichten. Womöglich wird die Arbeit mit diesem Wissen, zu dem wir alle Zugang finden können, einen Teil meines nächsten Buches ausmachen.

Dennoch möchte ich, sollte dich das Thema interessieren, dir ein paar Begriffe mitgeben, mit denen du dich gern befassen kannst. Womöglich hast du bereits von der Akasha-Chronik gehört? Unserer unendlichen Bibliothek des Lebens.

Das HeartMath Institut hat erstaunliche Experimente zu der Kraft unseres Herzens veröffentlicht. Sie konnten beweisen, dass wir Menschen mithilfe des elektromagnetischen Felds unseres Herzens direkt Informationen an andere Menschen übertragen können, und das aus bis zu fünf Metern Entfernung. Auch ergaben ihre Studien, dass unser Herz eine direkte Verbindung zu einem energetischen Informationsfeld besitzt, das jenseits von Raum und Zeit liegt. Das, was Menschen als Quelle, Gott oder auch Akasha Chronik bezeichnen, könnte dieses Feld darstellen, in dem Informationen allen Seins der gesamten Existenz des Universums gespeichert sind – aus unserer Vergangenheit, wie aus Gegenwart und Zukunft. Sie fanden heraus, dass wir mithilfe unseres Herzens einen Zugriff auf diese Informationen erlangen und so genaue Aussagen über zukünftige Ereignisse treffen können.

Eines liegt mir aber hier sehr am Herzen:

Bitte bedenke bei alledem immer, dass das alles unglaublich spannend ist, wir uns aber fragen sollten, was wir davon wirklich in unserem Leben benötigen.

Worum geht es in deinem Leben, was ist dein Sinn? Und brauchst du dieses Wissen? Dient es dir?

Ich selbst nehme das an, was mir auch hier in meinem Leben dienlich ist, was mich voranbringt und was ich aktiv nutzen kann, um mein Leben positiv zu beeinflussen. Alles, was ich dir weitergebe, stammt aus meiner eigenen Erfahrung und hat sich für mich als hilfreich, stärkend und gut bewiesen. Wenn du also neue Menschen kennenlernst, prüfe ihre Beweggründe, weshalb sie etwas tun, und höre auf dein Bauchgefühl. Du selbst bist die einzige Person, die spüren und wissen kann, was deine Wahrheit ist und dir selbst guttut, und was nicht. Vertraue dir selbst, denn wenn du weißt, wer du bist, wenn du dir vertraust und dich genau kennst, dann müssen dir auch solche Dinge keine Angst machen, denn was dir nicht nützt und sich nicht gut anfühlt, das perlt einfach von dir ab, und was du brauchst, das wirst du sowieso auf deinem Weg erfahren.

Ich weiß ganz tief im Inneren, dass dieses Wissen und diese Kraft in uns allen stecken. Und du kannst das auch! Du kannst dir vertrauen. Es gibt nichts, was dir jemals schadet, alles, was du erlebst, wird dich voranbringen. Schärfe deine Sinne, höre auf dein Gefühl, und du wirst dich nie mehr verloren fühlen.

Und sei offen dafür, dass du womöglich auf etwas stößt, das alles, was du bisher geglaubt hast zu wissen, über den Haufen wirft und ganz neue Gedanken und Erkenntnisse aufkommen lässt. Wäre ich dafür nicht offen gewesen, noch einmal bei null anzufangen, mich um 180 Grad zu drehen, dann wäre ich heute nicht da, wo ich bin. Und gleichzeitig weiß ich, ich stehe erst am Anfang einer großen Reise. Genau das ist es, was uns das größte Wachstum ermöglicht. Unsere Erwartungen. Wenn wir erwarten, bereits alles zu wissen und zu kennen, und ist das unsere Illusion und die Welt, in der wir leben, dann werden wir auch nichts Neues erfahren, denn es liegt nicht in unserem Fokus zu wachsen.

Wir alle haben diese Skala des Möglichen.

Fühle einmal in dich hinein, wo du momentan stehst.

Nach der Erleuchtungserfahrung hatte ich das Gefühl, angekommen zu sein und nun genau zu wissen, wie das Leben läuft. Und was passierte? Ich habe mich selbst durch diese Erwartung, beziehungsweise durch *keine* Erwartung, begrenzt, habe mich auf der Skala des Möglichen ans Ende gestellt und so geglaubt, nun käme nichts mehr nach.

Erst nach einiger Zeit habe ich durchschaut, worin ich mich verfangen hatte, und mich der Vorstellung geöffnet, dass all das erst der Anfang war und noch unendlich viele Erfahrungen und Wissen vor mir liegen, von denen ich noch nicht im Geringsten etwas ahne. Damit habe ich mich an den Beginn der Skala gestellt und sie noch dazu bis ins Unendliche erweitert, habe das Ende meiner Skala entfernt und mich geöffnet für all das, was noch kommen mag.

Was dann passierte, war erstaunlich. Mir fielen massenweise Bücher in die Hände, ich stieß auf Filme, Videos, Podcasts und Menschen in meinem Leben, die mich in Lichtgeschwindigkeit wachsen ließen und mein Bild von der Welt immer mehr erweiterten und vervollständigten. Am Ende jeder Woche war ich nicht mehr die Person, die ich noch zu Beginn der Woche gewesen war.

All das ist nun gerade einmal einige Monate her, hat begonnen mit der ersten Begegnung mit Conny und den ersten Erfahrungen in einer Welt, in der ich schon immer gelebt, die ich aber bisher noch nicht *gesehen* hatte. Damit möchte ich dir Mut machen und zeigen, wie viel möglich ist, sobald wir uns selbst ehrlich betrachten, Abstand von unserem Ego nehmen und uns der Vorstellung öffnen, dass wir mehr erleben und erreichen können, als wir jemals zu träumen gewagt haben.

Alles ist möglich! Alles!

Welche Begrenzungen setzt du dir?

Welche Erwartungen hast du?

Wo stehst du auf der Skala?

Spüre in dich hinein, denn das kann der Anfang von etwas Großartigem sein!

***

Was bedeuten Gefühle?

Neid ist ein wundervolles Gefühl, denn nur wenige Zustände zeigen uns so schön, wer oder was uns wirklich wichtig ist.

Es ist ein Gefühl, das ich hier gerne als Beispiel verwenden möchte, um zu zeigen, dass jedes Gefühl an sich erst einmal neutral ist. Gute oder schlechte Gefühle gibt es nicht. Allerdings verbinden wir mit bestimmten Emotionen auch bestimmte Verhaltensweisen, mit denen wir uns ungern identifizieren möchten. Wir geben also Gedanken und Gefühlen, sobald wir sie wahrnehmen, eine bestimmte Bewertung, die sie in Gut und Schlecht einteilt.

Wenn wir Neid empfinden, dann gibt es einen Grund, einen Auslöser, durch den dieses Gefühl entstanden ist. Neid fühlen wir, wenn jemand etwas verkörpert, ausdrückt oder besitzt, was wir selbst glauben, nicht zu haben oder zu sein, es aber gerne haben oder sein würden. Neid entsteht meist aus der Angst heraus, etwas nicht zu können. Sobald wir also ein Neidgefühl empfinden, dann gibt es etwas im Außen, das wir gerne hätten, es selbst aber nicht zeigen, leben oder in unserem Leben haben.

In Wahrheit ist es aber nur ein Bild dessen, was wir wirklich sind oder lieben. Unser Fokus fällt nur auf Zustände, die wir selbst in uns tragen, oder die wir selbst leben oder besitzen könnten. Die Liste der Dinge, Personen, Eigenschaften, auf die wir neidisch sind, ist eigentlich die Liste unserer größten Stärken, die wir jedoch noch nicht voll und ganz leben und erfahren. Gefühle tragen immer Informationen. Jedes Gefühl an sich ist neutral. Es spiegelt uns nur unsere innere Welt, wie wir empfinden, denken, und schließlich handeln und inwieweit das, was wir nach draußen bringen, wirklich unserer inneren Welt entspricht.

Nun möchte ich dich aber einladen, das, was ich oben beschrieben habe, erst einmal beiseitezuschieben, und dir deine Gefühle neutral von außen anzuschauen. Was macht sie eigentlich aus? Was sind Gefühle überhaupt? Was ist es, was du spürst?

Als ich vor einigen Monaten beschloss, in den Norden Thailands zu reisen, kaufte ich mir ein Zelt, da ich gehört hatte, dort würde ich wundervolle Nationalparks vorfinden, mit wilden Tieren, schönster Natur, Bergen, Wasserfällen und vielem mehr.

Früh am Morgen kam ich an. Ich wollte den ersten Tag nutzen, um mich zu orientieren, einen schönen Platz für mein Zelt zu finden und anzukommen. Als ich aber nur wenige Minuten später Nok traf, änderten sich meine Pläne augenblicklich. Nok war eine sehr liebe Frau mit einer tiefen Geschichte. Sie lud mich ein, sie zu begleiten und den Tag mit ihr zu verbringen. Als ich ihr von meinem Vorhaben erzählte, schlug sie vor, die erste Nacht bei ihr auf dem Grundstück zu verbringen, um mich schon einmal einzustimmen, und ich hätte bei ihr ein Bad zur Verfügung, was die Sache doch sehr erleichtern würde. Dankbar für diese Idee, stimmte ich zu.

Als wir am Abend bei ihrer kleinen Hütte am Rand des Dschungels ankamen, wurde es bereits dunkel. Auf der Terrasse empfing uns eine Frau, die ein paar Jahre älter zu sein schien. Sie musterte mich und warf Nok einen fragenden Blick zu. Nok gab mir ein Zeichen zu warten, und ging auf die Frau zu, die, wie ich wenige Minuten später erfuhr, ihre Schwester war. Und diese Schwester war gar nicht so begeistert von der Idee, eine Wildfremde auf ihrem Grundstück zelten zu lassen. Überzeugungsversuche waren wohl chancenlos, und so versuchte Nok, mir diese Botschaft zu überbringen.

Wir waren zu dem Zeitpunkt bereits so weit von jeglicher Zivilisation entfernt, dass mir nichts anderes übrig blieb, als meine Sachen zu packen und tiefer in den Dschungel einzutauchen, in der Hoffnung, irgendwann eine Lichtung zu erreichen, auf der ich mein Zelt aufschlagen könnte. Da es mittlerweile fast dunkel war, wurde mir sehr schnell klar, dass das jetzt innerhalb der nächsten Minuten erfolgen müsste, denn ich besaß keine Taschenlampe. Ja, ich weiß, eine großartige Vorbereitung, und wer schon einmal in Südostasien war, der weiß: Wenn man dort von Dunkelheit spricht, dann ist es richtig dunkel – etwas, was man hier aufgrund der vielen Lichter in der Umgebung kaum noch erleben kann.

Ich rannte also so schnell ich konnte, bis ich wirklich eine Fläche fand. Dort stand hohes Gras, das mir fast bis zu den Schultern reichte, jedoch waren einige breitere Gänge und teilweise größere Bereiche platt getrampelt. Ohne zu überlegen, suchte ich mir eine Ausbuchtung und schlug mein Zelt auf. Als die Welt um mich herum rabenschwarz war, tastete ich noch nach dem Eingang, ließ mich schließlich in mein Zelt fallen und zog den Reißverschluss vor. Ich hatte es geschafft!

Aber die Erleichterung hielt nicht lange an. Als mein Atem langsam zur Ruhe kam, begann ich zum ersten Mal, meine

Umgebung wahrzunehmen. Ich nahm Geräusche wahr, die ich noch nie zuvor in meinem Leben gehört hatte, etwas tappte an der Zeltwand entlang. Aber es war so finster, dass ich nicht einschätzen konnte, ob das Tier, das sich nach einer nicht gerade kleinen Spinne anhörte, das Außen oder sogar das Innere meines Zelts erkundete.

Was mir aber augenblicklich weitaus größere Sorgen machte, war etwas, das mich erschauern ließ: Schritte, viele Schritte, dumpf und schwer. Schritte von Tieren, von einer Herde von Tieren. Tiere, die größer waren als alles, was ich jemals außerhalb eines Zoos gesehen hatte. Oder, anders ausgedrückt: Tiere, die ich lieber durch einen Zaun von mir getrennt betrachtete. Und dann fiel es mir wie Schuppen von den Augen: Die Gänge in den Gräsern, die Flächen, die waren nicht einfach so entstanden! Die Gräser waren von Tieren niedergetreten worden.

Diese Erkenntnis sorgte nicht gerade für Ruhe bei mir. Um ehrlich zu sein, ich stand kurz vor einem Nervenzusammenbruch, als die Tiere nun mein Zelt umkreisten und ich ihre Kraft ganz nah spüren konnte. Mir war klar, sie könnten das Zelt problemlos eintreten.

Und dann wurde mir bewusst, dass mich diese Angst nicht weiterbringen würde. Nichts würde sich an der Situation verändern, wenn ich die Angst weiterhin zulassen würde. Im Gegenteil: Sie würde mich schwächen und ich verrückt werden, denn wer wusste schon, wie lange die Tiere blieben. Also traf ich eine Entscheidung: Ich entschied mich, mich zu beruhigen und zu versuchen zu verstehen, warum genau das gerade passierte, und was es mir sagen könnte.

Ich begann, bewusst auf meine Atmung zu achten, tief ein- und auszuatmen, bis ich mich selbst wieder spürte. Dann ging ich in mich und spürte der Angst nach, gab diesem Gefühl Raum, ohne es jedoch als Angst, als etwas Negatives zu bewerten, und nahm wahr, wie sich diese Emotion anfühlte.

Und genau dabei entstand eine der für mich wichtigsten Erkenntnisse überhaupt: Ich spürte zwar die Energie, die ich eben noch als Angst bezeichnet hatte, verstand aber auf einmal, dass es gar keine Angst war, sondern eine sehr starke, kraftvolle Energie, die sich in meinem Körper ausgebreitet hatte. Ohne Bewertung konnte ich keinen Unterschied feststellen zwischen dem, was ich Liebe nannte, und dem, was ich noch wenige Sekunden zuvor als Angst empfunden hatte. Es war ein reiner körperlicher Zustand, den ich spüren durfte, und nur ich selbst entschied, als was ich ihn erfahren wollte. Also änderte ich meine Bewertung und traf die Entscheidung, diesen Moment und diese Energie nun als Liebe zu empfinden.

Augenblicklich änderte sich alles, und ich war zutiefst dankbar, dass ich diese unglaubliche Möglichkeit bekam, die Größe, Macht und Stärke dieser Tiere zu spüren und in dieser Sekunde zu erkennen, dass ich dem Leben niemals ausgeliefert sein würde, unabhängig davon, was um mich herum geschieht.

Denn das, was mir nie jemand nehmen kann, das ist mein Bewusstsein dessen, was ich wirklich bin. Und in dem Moment verstand ich auch, dass mir nichts passieren könnte, da ich noch nicht bereit war, dieses Leben zu verlassen, sondern mir eine Aufgabe gesetzt hatte, die ich erfüllen würde.

Mein tiefes Urvertrauen überdeckte den letzten Rest der Angst, und ich erkannte die Möglichkeit, inmitten von Wasserbüffeln zu liegen und zu sehen, dass diese wundervollen Wesen einfach zufrieden waren in ihrem Sein und sich selbst in diesem Moment von nichts und niemandem aus der Ruhe bringen ließen. Auch nicht von dem kleinen Mädchen zu ihren Füßen mit einem nun vor Glück bebenden Herzen.

Ich nutzte die Minuten tiefster Verbundenheit mit der Natur, den Tieren, allem um mich herum – und auch mit mir –, mich zu fragen, was für mich im Leben wirklich von Bedeutung war. Und so klar wie nie zuvor erhielt ich meine Antworten, hatte ich mich doch entschieden, mich wieder zu öffnen, anzunehmen, zuzulassen und zu vertrauen. Ich erkannte, wie viel mir meine Familie bedeutete, und spürte die Verbindung zu ihr so tief in meinem Herzen wie nie zuvor. Ich war also ans andere Ende der Welt gereist, um zu verstehen, wie wichtig mir die Menschen waren, die mich tagtäglich umgaben – ich hätte die Büffel knutschen können.

Dieses Erlebnis hat mir klar gezeigt: Ganz gleich, was passiert, wenn du in einer Situation bist, die du dir bewusst nicht gewünscht hast, die du aber in diesem Moment nicht ändern kannst, dann hast du immer noch dich. Du bist dein Bewusstsein, und du kannst wählen, wie dieses dein Bewusstsein diese Situation erfahren möchte. Du hast immer die Wahl, wie du dich und den Moment wahrnehmen und welche Erfahrung du daraus kreieren willst.

Also: Mach was draus!

Liebe und Vertrauen sind unsere Urgefühle. Wir können in jedem Hass die Liebe spüren, in jeder Angst das Vertrauen, und können aus unseren dunkelsten Momenten ein Feuerwerk machen, wenn wir uns daran erinnern, wer wir wirklich sind. Liebe und Vertrauen liegen immer in uns. Liebe und Vertrauen – das sind wir.

Wir können aus Vertrauen keine Angst machen, es sei denn, wir lassen sie durch die Bewertung als Angst im Außen entstehen.

Wir haben immer die freie Wahl: Unsere Bewertung macht uns zu Schauspielern, was wir bewusst einsetzen können, wenn wir uns auf eine bestimmte Art erfahren möchten. Wollen wir aber nur zuschauen, lernen, erkennen, dann müssen wir die Rolle des Zuschauers einnehmen. Und geht es uns darum, etwas selbst zu kreieren, zu erschaffen, dann sollten wir uns auf den Regiestuhl setzen. Wir haben alle diese Teile in uns, und das zu jeder Zeit. Und wir haben die unfassbare Möglichkeit, in jeder Sekunde zu wählen, welche Rolle wir einnehmen wollen.

Alles, was wir nicht sind, entsteht als Reaktion auf ein Geschehen, das sich im Außen ereignet. Und das, was wir sind, das können wir im Außen ausdrücken und uns jederzeit als solches erfahren. Diese Energie der Gefühle fließt stetig durch uns hindurch. Wir können sie mithilfe unserer Gedanken schwächen oder verstärken, und ihr eine bestimmte Kraft geben. Sobald wir an etwas denken, Bilder sehen, spüren wir die Energie fließen.

Nun treffen wir unsere Bewertung dieser Energie häufig auf Grundlage der Gedanken, die in diesem Moment präsent sind. Denken wir an etwas, das wir als positiv empfinden, was wir sein und erleben möchten, dann bewerten wir die wachsende Energie als positiv. Denken wir aber an etwas, mit dem wir uns nicht identifizieren und das wir schlecht finden, dann geben wir derselben Energie eine negative Bewertung und nehmen sie als negativ wahr. Gefühle und Gedanken verstärken sich nun gegenseitig, weshalb wir irgendwann das Gefühl haben, ihnen ausgeliefert zu sein. Dass aber nur eine Entscheidung zwischen Angst und Vertrauen, zwischen Wut und Liebe liegt, das hätte ich bis zu dem Erlebnis mit den Büffeln nicht gedacht.

Es war eine kraftvolle Erkenntnis, und daher möchte ich dich einladen:

Solltest du etwas spüren, was du gerade nicht spüren möchtest, schließe die Augen und nimm wahr, welche Gedanken dieses Gefühl ausgelöst haben. Nun ändere entweder deine Gedanken, oder entscheide dich dafür, diesen körperlichen Zustand als das wahrzunehmen, was er in Wahrheit ist: neutrale Energie. Und gib ihm dann eine neue Bewertung.

Ich verspreche dir, dein Leben wird nicht mehr dasselbe sein!

***

Dein Lieblingsgefühl

Was bedeutet Glück für dich? Was erfüllt dich wirklich? Und was ist dein Lieblingsgefühl, dein Grundgefühl – das, was du gerne erschaffen und leben möchtest?

Wir alle haben ja dieses Hauptgefühl, auf dem wir uns eingependelt haben. Daher ist ein essenzieller Schritt auf dem Weg zu einem erfüllten Leben, sich die Frage zu stellen, was der Zustand ist, den man selbst erreichen möchte. Wollen wir unser Leben größtenteils in Neutralität verbringen, oder sogar im Gefühl der Trauer? Oder wollen wir uns gut fühlen, unser Leben lieben, jeden Moment genießen und einfach glücklich sein?

Ich für mich habe ganz klar meine Antwort gefunden: Ich möchte leben, lieben, lachen, vertrauen, loslassen, genießen, möchte Liebe geben und andere zum Leuchten bringen.

Was ist also dein Grundgefühl, auf dem du dich eingependelt hast? Ist es das, was du gerne spüren möchtest?

Eine gute Darstellung der Bewusstseinsebenen, abhängig von unserer Grundschwingung, hat meiner Meinung nach David R. Hawkins erstellt, daher möchte ich sie dir nun natürlich nicht vorenthalten.

Ebene 1000:
Der höchste Bewusstseinswert, der irdisch zu erreichen ist

Ebene 700-1000:
Erleuchtung, reines Bewusstsein, unbeschreiblich
Ebene 600+:
Frieden, Durlichtung, Glückseligkeit

Um Ebene 600:
Schwelle zu Stille und Frieden,
Auflösung des persönlichen Egos / Karmas
Verantwortungsübernahme für das kollektive Ego/ K.

Ebene 540+:
Freude, bedingungslose Liebe, Vergebung
Ebene 500+:
Liebe, Schönheit, Dankbarkeit, Offenbarung

Um Ebene 500:
Schwelle zur Liebe
Nichtlinearität, Gewahrsein, sowohl als auch - Denkmodell

Ebene 400+: Vernunft, Verständnis, Wissenschaft
Ebene 350+:Akzeptanz, Produktivität, weltlich. Erfolg
Ebene 250+: Neutralität, Zuversicht, Loslassen
Ebene 200+: Mut, Zivilcourage, Bejahung

Um Ebene 200:
Schwelle zur Integrität, Linearität,
Eigenverantwortung, entweder oder - Denkmodell

Ebene 175-: Stolz, Verachtung, Wut, Ärger, Hass
Ebene 125-: Begierde, Angst, Rückzug
Ebene 75-: Trauer, Verzweiflung, Hoffnungslosigk.
Ebene 30-: Schuld, Bosheit, Zerstörung
Ebene 20-: Scham, Schande, Erniedrigung

Ebene 0:
Physischer Tod, Dualität,
Mangelbewusstsein, Kriminalität,
reaktives Sippenbewusstsein

Die persönliche Einstellung, die Illusion, die Welt, wie wir sie sehen und somit erleben, kann man nach David R. Hawkins so beschreiben:

Auf einer Bewusstseinsebene zwischen 1 und 74 glauben wir, das Leben an sich sei schlecht und negativ, und wir müssten uns dem fügen.

Zwischen 75 und 174 erkennen wir, dass es nicht allen so schlecht geht wie uns, daher sind wir der Überzeugung, unser Leben sei beschissen, aber denken weiterhin, wir könnten nichts dagegen unternehmen und sehen uns als Opfer der Umstände.

Auf der Bewusstseinsebene zwischen 175 und 199 sind wir dann der Meinung, unsere Wahrheit sei die einzig richtige, wir seien gut, intelligent, richtig und besser als alle anderen. (Oh ja, diese Ebene kenne ich nur allzu gut! Jahrelang habe ich mich über andere gestellt und dachte, ich sei superintelligent und daher besser als alle anderen...)

Ab einer Ebene von 200 bis 499 beginnt das Gruppenbewusstsein. Wir schließen uns mit anderen zusammen, von denen wir glauben, sie seien uns ähnlich, da ihr Weltbild dem unsrigen entspricht, und sind der Annahme, dass wir, die wir diese Einstellung haben, richtig sind, jedoch andere Gruppen nicht. (Identifikation mit Religion, Gemeinschaften, Sportgruppen, Nationalitäten, Berufsgruppen, usw.)

Erst ab einem Bewusstsein von über 500 beginnen wir, das Leben als großartig anzusehen und uns selbst als Schöpfer unserer eigenen Realität.

Jede Frequenz hat somit auch ihre eigenen Werte. Diese Werte sehe ich als eine Schablone an, anhand der wir erkennen können, wo wir uns befinden.

Und nun zu dir:

Nach welchen Werten lebst du? Wie sieht dein Handeln im Außen aus? Und wie würdest du dich gerne verhalten? Nach welchen Werten möchtest du leben?

Das lädt natürlich sofort zum Schubladisieren ein.

Aber bei dieser Skala geht es nicht darum zu bewerten, zu urteilen oder uns besser, schlechter, wertvoller oder weniger wertvoll als andere zu fühlen. Unabhängig davon, auf welcher Stufe wir momentan stehen, die Skala beschreibt nicht unseren Wert, sondern zeigt einzig und allein unser Schwingungsniveau und wie bewusst wir uns bereits unserer selbst und unserer eigenen Schöpferkraft sind, und welche Sicht wir dementsprechend auch in Bezug auf das Leben und andere Menschen haben.

Das ist allerdings nicht der Zustand, in den wir hineingeboren werden und in dem wir bleiben. Im Laufe unseres Lebens werden wir immer mal wieder auf dieser Skala hoch- und womöglich auch hinabklettern. Und auch das zeigt keinesfalls unser persönliches Versagen. Nur weil wir uns mal einen Tag nicht gut fühlen, heißt es nicht, dass wir sofort wieder an Bewusstsein verlieren. Sondern es geht dabei um das Schwingungsniveau, auf dem wir uns eingependelt haben. Bedeutsam ist also viel eher unser Umgang mit unseren Gefühlen, unsere Bewertung dessen, und ob wir auch diese Zeiten annehmen und genießen können, oder uns dafür verurteilen.

Mit anderen Worten: Es geht um das, was wir tief in unserem Herzen glauben und verinnerlicht haben.

Unser Herz ist dabei ein gutes Stichwort. Folgen wir unserer Intuition, unseren Gefühlen – gehen wir den Weg unseres Herzens –, dann werden wir auf der Skala und in unserem Bewusstsein stetig aufsteigen. Denn das Herz kennt nur einen Weg: Es möchte zurück zum Bewusstsein der Fülle, zur Verbundenheit und zur bedingungslosen Liebe. Und da es ja der Multiübersetzer aller Schwingungen ist, zeigt es uns alles, was unsere Schwingung erhöht, mit angenehmen Gefühlen, und alles, was uns davon abbringt, mit negativen.

Nehmen wir also demnächst unser Herz als Maßstab für Entscheidungen, dann wird es uns zu unserem Ziel *fühlen*.

Und eins kann ich euch auch verraten: Ich habe am untersten Tiefpunkt begonnen und nach und nach alle Stufen durchlaufen. Viele Jahre habe ich mich als Opfer gesehen, als die Arme, Kleine, der immer wieder schlimme Dinge passieren. Ich weiß, wie es sich anfühlt, in dieser Dunkelheit festzustecken und keinen Ausweg zu sehen, da ich in meiner Illusion zu wissen glaubte, dass ich dem Leben ausgeliefert bin und es nicht in der Hand habe, was passiert. Aber hätte ich diese Seite nicht erfahren, dann könnte ich das Leben in seiner Vollkommenheit niemals so verstehen und lieben, wie ich es nun mit jeder Zelle und aus tiefsten Herzen liebe und jede Sekunde schätze.

Auch hier ist es wieder wichtig zu verstehen, dass es keine Ansicht gibt, die richtig und keine, die falsch ist. Es gibt kein Besser und kein Schlechter. Alle diese Bewusstseinszustände und ihre Ansichten sind insofern richtig, als dass sich unsere jeweilige Einstellung, mit der wir uns und das Leben sehen, immer und in allem, was wir tun und dadurch erfahren, bestätigt. Besser und Schlechter sind nur Bewertungen eines neutralen Zustands. Durch unsere Bewertung stellen wir Zustände in einen Kontext, um sie erfahren zu können. Daher wäre es um einiges sinnvoller, Zustände in Zukunft *in zuträglich* oder *nicht zuträg-*

lich einzuteilen, direkt angepasst unseren persönlichen Werten und Zielen im Leben.

Jeder Mensch hat andere Erfahrungen in seinem Leben gemacht und steht an einem bestimmten Punkt. Jeder Mensch ist ein Teil von allem. Wir könnten uns das Leben als einen Gegenstand vorstellen, einen Gegenstand mit ganz vielen Seiten, Unebenheiten, Höhen und Tiefen, mit glatten Seiten und Ecken, mit abgerundeten Teilen und spitzen, mal schwarz, mal weiß, mal farbig oder auch kunterbunt, mal hart und mal weich. Das Leben, dieser Gegenstand, steht in der Mitte, und alle Menschen dieser Welt stehen drum herum, stehen darüber und darunter, sind womöglich mitten drin, oder rechts und links, in erster Reihe oder in zweiter, dritter, vierter. Jeder Mensch sieht dieses Leben also nun von seinem Standpunkt aus und beschreibt es entsprechend. Manch einer wird sagen, es sei dunkel und hart, mit vielen Kanten und Tiefen, ein anderer würde sagen, es sei leicht und hell, hätte viele Farben, sei weich und flauschig. Jeder Mensch würde es anders beschreiben, denn kein Mensch kann auf derselben Stelle stehen. Aber jede einzelne Beschreibung wäre richtig, denn sie würde die eine Seite des Lebens zeigen, die das betreffende Individuum sieht.

Unser Problem ist, dass wir uns schwer oder gar nicht in die Standpunkte der anderen heineinversetzen können, ohne es selbst gesehen oder erlebt zu haben. Sobald uns also jemand von seiner Sichtweise erzählt, gehen wir schnell in die Bewertung hinein, sagen, es sei falsch oder gar unmöglich, nur weil wir es selbst nicht sehen können. Aber auch das ist nicht schlimm und sehr verständlich, denn für dich ist, was du sagst, ja auch richtig, denn du hast etwas anderes erlebt.

Wir brauchen also jeden einzelnen Menschen, jeden einzelnen Blickwinkel, um uns ein Bild der Realität machen zu können, um die Wahrheit zu erkennen und zu verstehen. Jeder Einzelne kennt ein Stück dieser Wahrheit, jeder von uns *ist* ein Stück der Wahrheit. Wahr und Falsch existieren nicht, sondern sind nur Bewertungen.

Der Begriff *Bewusstsein* lässt sich mit demselben Bild erklären. Je weiter unser Bewusstsein ist, desto zahlreicher sind die Perspektiven, aus denen wir eine Information, eine Situation oder ein Ereignis wahrnehmen, verarbeiten und verstehen. Bewusstseins*erweiterung* bedeutet also, eine erhöhte Wahrnehmung und ein erhöhtes Verständnis der Realität zu haben und sie in und aus immer mehr Dimensionen wahrnehmen und verarbeiten zu können.

Und darauf haben wir direkten Einfluss. Das heißt aber nicht, dass wir dort stehen bleiben müssen. Im Gegenteil, wir können uns jederzeit bewegen, neue Perspektiven einnehmen und so unser Verständnis immer mehr vervollständigen. Wir können Bücher lesen, verschiedene Standpunkte betrachten, mit anderen sprechen, in uns gehen. Wir selbst haben es jederzeit in der Hand, denn alles, was wir wissen können, ist bereits da.

Wie weit bist *du* bereit, die Augen zu öffnen?

Wir sollten bei alledem aber immer bedenken, dass spirituelle Entwicklung und Bewusstseinserweiterung kein Wettbewerb sind. Es geht nicht darum, wer „mehr“ versteht, es gibt kein Größer, Besser, Weiter. Alle Menschen auf dieser Welt besitzen das gleiche Wissen und sind in ihrem Ursprung gleich. Wie viel wir aber davon in unser Bewusstsein holen, das ist eine

Wahl, die wir allein treffen, ohne dass diese jedoch unseren Wert definiert, denn Wert ist relativ.

Also, raus aus der Bewertung!

Ich weiß, es fühlt sich großartig an, wenn man auf einmal beginnt, seine Perspektive zu wechseln und die Welt mit ganz anderen Augen zu sehen. Wenn du auf einmal Dinge verstehst, die du bisher nicht verstanden hast, und Dinge wahrnimmst und siehst, die du bisher noch nicht gesehen hast. Nutze deine Erkenntnisse, um anderen zu helfen, diese Erkenntnisse selbst zu erlangen. Wenn sie es möchten. Wir müssen nicht belehren, wenn wir unsere Wahrheit leben. Wenn wir unsere Wahrheit *sind*, dann kommt alles andere von ganz allein.

Unsere neuen Erkenntnisse sind nicht besser, sondern nur anders. Besser sind sie vielleicht für uns, gemessen an unseren Zielen, aber für jemand anderen womöglich nicht, da er in seinem Leben andere Erfahrungen anstrebt. Wir sollten also nicht versuchen, jemanden zu belehren, aber wir können zur Inspiration für alle anderen werden, die womöglich dorthin möchten, wo wir bereits sind, und sie dabei unterstützen, wenn sie es wollen.

Indem wir aus der Bewertung herausgehen und das, was wir sind, verkörpern, unsere Wahrheit leben, werden die, die genau danach suchen, uns auch finden.

Schau: Du hast dieses Buch gefunden, und das war bestimmt kein Zufall. Denn diese Worte bergen womöglich eine Erinnerung, die sich dein Herz für dich gewünscht hat, um das Wissen aus dem Unterbewusstsein wieder ins Bewusstsein hochzuholen. Denn du bist so weit. Jetzt!

Mit meinem Buch möchte ich niemanden belehren oder von irgendetwas überzeugen, was er nicht ist. Ich möchte inspirieren, möchte es jedem ermöglichen, der dieses Buch, also den Weg, selbst bewusst wählt, all das zu erleben, was ich nun erlebe. Diese Einheit zu spüren, diese wunderbaren Gefühle und unbeschreiblich schönen Zustände selbst einmal zu erleben. Zu sein.

Dabei sage ich nicht, dass diese Realität die einzig wahre ist. Es ist eine von vielen Realitäten, und es ist die, in der ich mich selbst wohlfühle, in der ich andere bedingungslos lieben kann, in der ich uneingeschränkt gebe, in der ich meine Vorstellung meines höchsten Selbst lebe und mich als solches erfahre. Und genau das ist mein Maßstab für den Sinn meines Lebens. Ich möchte glücklich sein, möchte lieben, möchte geben, möchte leben, möchte wachsen, Gutes erschaffen, und einfach nur sein. Das bin ich!

***

Wer bist du?

Wer bist du? Hast du dir diese Frage schon einmal wirklich gestellt? Warum bist du hier? Was ist dein Sinn deines Lebens?

Da du zu diesem Buch gegriffen und nun bereits einige Kapitel gelesen hast, bin ich sicher, dass du dir diese Frage bestimmt schon einmal gestellt hast. Aber wie tief bist du gegangen? Wie tief ist dein Sinn, wie stark dein *Warum*?

Und gehen wir mal einen Schritt weiter. Lebst du ihn auch, deinen Sinn des Lebens? *Weißt* du nur, oder *bist* du schon?

„Ich möchte einfach nur sein, möchte mich selbst verwirklichen und ein Ausdruck dessen sein, was ich bin.“

Das schrieb ich, als ich mich entschloss, zurückzukommen. Das bin ich.

Ich weiß, wer ich bin, in Wahrheit. Und ich weiß, warum ich hier bin, in Wahrheit. Das Leben dieser Wahrheit bedeutet die Verwirklichung meines Selbst. Was ist deine Wahrheit?

Es gibt eine einzige Frage, die uns Leben in Selbstbestimmung und persönlicher Freiheit und Erfüllung ermöglicht, die uns erwachen lässt. Die einzige Frage, die sich jeder von uns stellen sollte: Was sehe ich als meinen Sinn des Lebens an, welchen Sinn möchte ich ihm und mir geben; und wie definiere ich mich, wer bin ich? Zugegeben, das war nun mehr als eine Frage, jedoch hängen sie alle miteinander zusammen, denn wenn du weißt, warum du hier bist, dann bist du dir dessen bewusst, wer du bist, und wenn du weißt, wer du bist, dann weißt du, warum du bist.

Uns selbst und unserem Leben einen Sinn zu geben ist der erste Schritt des Erwachens. Wir nehmen die Augenbinde ab und gucken, wohin wir gehen möchten. Es ist der erste Schritt in unsere Freiheit und Selbstbestimmung. Wenn du alles wegnimmst, deine Ausbildungen, deine Abschlüsse, Titel und Zertifikate, deine Familie, deine Freunde, dein Zuhause, deinen gesamten Besitz, dein Geld, alles im Außen, was bliebe dann noch übrig? Wer bist du, wenn du nur noch *du* wärest?

Wenn du dir ein neues Leben aufbauen würdest, wie würde das dann aussehen? Welcher Mensch bist du jetzt? Und wer möchtest du sein?

Wie würde dieses neue Leben aussehen? Welche deiner Fähigkeiten würdest du nutzen? Welches Wissen ist dafür wirklich notwendig? Was wolltest du erschaffen, könntest du noch einmal ganz von vorn beginnen?

Schließe doch einmal die Augen oder nimm dir ein Blatt Papier und schreibe deine Gedanken auf.

Bist du bereits die Person, die du sein möchtest? Lebst du die Illusion, deine Realität, die du liebst und leben möchtest?

Bis vor einem Jahr war ich selbst das komplette Gegenteil dessen, wer ich mir wünschte zu sein. Und es tat unglaublich weh, als ich mir mein Leben zum ersten Mal ehrlich angeschaut und erkannt habe, was ich mir da eigentlich aufgebaut hatte. Als ich mir angesehen habe: Wie spreche ich eigentlich mit mir?

Wie gehe ich eigentlich mit mir um? Und da mein Außen ja der Spiegel ist: Wie gehe ich mit anderen um? Was erwarte ich mir vom Leben? Wer bin ich?

So hart es auch im ersten Moment war, trotz alledem war es das größte Geschenk, was ich mir selbst je hätte machen können. Ich wusste, dass ich nicht mehr tiefer fallen konnte, für mich gab es nichts zu verlieren. Aber ich wusste, würde ich auch nur einen Bruchteil dessen erreichen, was ich mir wünschte, dann würde es sich lohnen, dafür loszugehen. Und das tat ich. Jeden Tag! Tag für Tag hörte ich Podcasts, las Bücher und stieg immer tiefer in die Themen der persönlichen Weiterentwicklung ein. Ich blieb dabei und erinnerte mich tagtäglich an meine Ziele. Und von Tag zu Tag ging es mir besser und besser.

Wenn du etwas wirklich möchtest, wenn es da diese leise Stimme in dir gibt, die sagt: Versuch es! Trau dich, dir kann nichts passieren! Dann trau dich, auf sie zu hören! Lass sie lauter werden, drücke ihr ein Mikrofon in die Hand, gib ihr eine Bühne, sodass auch jede Zelle die Nachricht empfängt: Ich will leben! Und ich liebe mein Leben! Ich bin wertvoll! Und ich darf ein Leben in Fülle, in Liebe, in Verbundenheit, in Vertrauen leben! Das bin ich! Ich will!

Es ist diese *eine* Entscheidung, die dein gesamtes Leben verändern wird.

Ich verspreche dir, es lohnt sich! Sogar unsere Zellen können wir jederzeit umprogrammieren. Die Programme, die du bisher geschrieben hast, sind nicht fest gespeichert und gelten nicht für immer. Unser Körper erneuert sich ständig. Alle sieben Jahre wird er sozusagen komplett neu „resettet“. Nur wir sind es, die an unserer Vergangenheit festhalten und die neuen Zellen immer wieder mit alten Programmen bespielen. Sobald wir beginnen, alte Schmerzen loszulassen, oder sie annehmen, umarmen, lieben und ihnen dankbar sind für die Erfahrung, die sie uns geschenkt haben, sobald wir unserer Vergangenheit eine ganz neue Bewertung geben, schreiben wir die Programme unserer Zellen um. Ganz wichtig ist es, wie bereits gesagt, in dieser Zeit viel Wasser zu trinken, da so die alten Informationen sanft aus unserem Körper ausgeleitet werden können. Wir sind nicht Opfer unserer Vergangenheit. Wir sind Schöpfer unserer eigenen Realität.

Der erste Schritt in die Selbstbestimmung und in die Freiheit beginnt mit den Fragen:

Wer bin ich, und wer möchte ich sein? Was möchte ich in meinem Leben erreichen, und welcher Mensch muss ich dafür sein?

Definiere deinen persönlichen Sinn deiner Existenz, und dann geh dafür los, lebe ihn, erschaffe dich als die Person, die du sein möchtest, und lebe das Leben, das du leben möchtest, im höchsten Sinne deines Selbst!

***

Wir sind Alles-was-ist

Wir leben, als sei das Leben endlich. Wir leben unendlich. Wir sind alles, was existiert. Wir sind jederzeit verbunden. Wir sind vollständig. Wir sind bedingungslose Liebe. Wir sind frei.

Das bist du!

Wie fühlt es sich an? Wird dir schwindelig, oder macht dir etwas davon Angst? Oder machst du zu, verschließt dich, lässt diese Möglichkeit einer Wahrheit nicht an dich heran? Dann ist das eine total verständliche Reaktion, aber wenn es so ist, möchte ich dich bitten: Lies diese Worte noch einmal und lass sie tief in dein Herz fließen. Das bist du, und das kannst du jederzeit wieder sein.

Welche Begrenzungen setzt du dir? Welche Begrenzungen wählst du bewusst, um dein Warum zu leben?

Wie kann sich dein Leben verändern, wenn du deine Wahrheit lebst? Wenn du sie fühlst, mit jeder Zelle deines Körpers, wenn du deine Wahrheit bist? Wie wären deine Beziehungen, wie würdest du mit anderen umgehen und wie mit dir? Was wäre dir dann noch wichtig? Und was würde auf einmal wichtig werden? Womit würdest du deine Zeit verbringen?

Wir sind das Bewusstsein, das unseren Körper und unseren Verstand lenken kann. Wenn wir aber glauben, wir seien unser Körper – also die Illusion als unsere Wahrheit anerkennen und leben –, dann komprimieren wir unser Bewusstsein auf die physischen Möglichkeiten unseres Körpers und übernehmen sein Bewusstsein. Dasselbe gilt für unseren Verstand. Solange wir uns über unsere Gedanken oder die vermeintliche Intelligenz definieren oder glauben, wir seien unsere Gedanken, sind wir auf das Bewusstsein unseres Verstandes und seiner Frequenz beschränkt, und somit auf die in diesem Frequenzbereich liegende Wahrnehmung, auf das Bewusstsein dieser Ebene.

Als ich begonnen habe zu meditieren, hat das alles für mich verändert. Die Meditation wurde für mich zu einem der mächtigsten Tools. Mein Leben lang habe ich mich über das, was ich denke, definiert und war der Meinung, meine Intelligenz würde mich ausmachen. Ich war vom Kopf gesteuert, und meine Gedanken waren laut und nahmen kein Ende, sodass ich meine Intuition, die Stimme meines Herzens, nicht hören konnte. Als ich dann begann zu meditieren, erkannte ich auf einmal, dass ich meine Gedanken von außen betrachten und selbst entscheiden kann, ob ich ihnen Glauben schenke, oder nicht; ob ich sie behalten und weiterdenken möchte, oder ob es mir besser geht, wenn ich sie weiterziehen lasse. Und mir ist plötzlich bewusst geworden, dass den ganzen Tag lang ein Programm in mir abläuft, das ich bereits Jahre zuvor erstellt hatte. Ich dachte immer, ich würde selbst meine Reaktionen steuern, und erst jetzt erkannte ich, dass ich mein gesamtes Leben die Gefangene meiner selbst errichteten Überzeugungen war.

Wir sind also in der Lage, das Bewusstsein zu wählen, in dem wir uns bewegen und mit dem wir wahrnehmen wollen. Genauso, wie wir die Illusionen wählen können, in denen wir leben wollen. Dieses von uns gewählte Bewusstsein steuert dann unsere Gedanken, unsere Gefühle und schließlich unsere Handlungen. Wir erleben und erfahren somit die Welt und das Leben aus Sicht des Bewusstseins, das wir gewählt haben, und werden somit zu seinem Ausdruck. Geh in dich und finde heraus, wer du in Wahrheit bist. Du wirst dich finden, je mehr du auf dein Herz hörst. Du wirst erkennen, wer du bist. Du kannst wählen, wer du sein möchtest, und deine Welt erschaffen.

Was ist die höchstmögliche Form von dir, wie du dich erfahren möchtest? Was sind deine Werte, wenn du diesen Zustand erreichst? Wie denkst, fühlst und handelst du, wenn du dieses Bewusstsein bist?

Schreibe dir all das auf, mache es dir klar. Je klarer dein Bild von deinem höchsten Selbst ist, desto leichter wird es dir fallen, diese Gedanken zu denken, diese Gefühle zu spüren und zu handeln, wie du als deine höchste Form handelst, und desto leichter wird es dir fallen, es zu sein.

Wenn wir wählen, uns als Ausdruck von bedingungsloser Liebe zu erfahren, Liebe zu sein, dann werden wir ein Leben in Liebe erschaffen und zur bedingungslosen Liebe werden. Wenn das dein Ziel ist, dich als solches zu erfahren, dann überlege dir in so vielen Augenblicken wie möglich: Wie würde die Liebe jetzt denken? Was würde die Liebe jetzt sagen? Oder: Wie würde die Liebe jetzt reagieren?

Durch die Abtrennung von dir wirst du anfangs erst das Verhalten und die Werte von außen betrachten und leben. Nach und nach jedoch wirst du die neue Denkweise übernehmen, sie immer mehr fühlen und so, ohne dass du es bemerkst, automatisch zu dieser Person werden, zu dem Bewusstsein der Liebe.

Genauso ist es, wenn wir uns die Frage stellen: Wie würde die höchstmögliche Version von mir jetzt denken, fühlen oder handeln? Was würde Gott jetzt tun?

In dieser Frage liegt eine unbeschreibliche Kraft, durch die wir erkennen, dass Gott und wir untrennbar miteinander verbunden sind, durch die wir mit dieser Quelle eins werden, und uns selbst als das erfahren, was wir sind: GOTT.

Wenn wir das spüren, dann können wir unser Leben als einen Ausdruck von Gott erfahren und in unserer höchstmöglichen Form denken, fühlen und handeln. Du bist Gott. Ist das nicht ein wundervolles Gefühl? Du bist es, und du kannst jederzeit die Wahl treffen, dieses Bewusstsein zu sein.

Und in diesem Bewusstsein können wir dann in Liebe mit unserem Körper und mit unserem Verstand leben und uns durch beide ausdrücken, mit ihnen. Aber nicht mehr als unser Körper oder als unser Verstand. Wir können diese einzigartige, unbeschreibliche Möglichkeit kennenlernen, die uns Körper und Verstand bieten, und ihnen die Liebe und Dankbarkeit entgegenbringen, die sie verdienen. Wir können auf sie achtgeben, wie auf unsere Kinder, und ihnen zuhören, um ihnen das zu geben, was ihnen wirklich guttut und was sie sich wünschen.

Ich habe zuvor viel davon gesprochen, wie wir Dinge, die uns beschränken, auflösen können und lieben lernen. Diese Arbeit fühlt sich gut an und ist natürlich ein wichtiger Bestandteil unserer Selbsterkenntnis.

Jetzt möchte ich dir aber etwas verraten, was für mich der Schlüssel zu einem erfüllten Leben in Leichtigkeit ist, und unser mächtigstes Tool.

Sobald du ein neues, weiteres, höheres Bewusstsein wählst und annimmst, erhöhst du automatisch deine Frequenz, auf der du schwingst, und wechselst die Dimension, in der du wahrnimmst, denkst, fühlst und handelst. Alle deine „Probleme", Limitierungen und Begrenzungen lagen auf der Stufe darunter, auf der du gelebt und sie somit erschaffen und verankert hast. Sobald du nun deine Bewusstseinsstufe wechselst, erreichst du eine neue Ebene, auf der diese „Probleme" nicht mehr existieren. Je höher also dein Bewusstsein ist, desto freier bist du. Und je höher wir schwingen, desto weniger Illusionen benötigen wir für unser Leben, und desto leichter fällt es uns, das Leben von außen aus unterschiedlichen Perspektiven zu betrachten, und aus dem Wissen unseres umfassenden Weltbilds zu handeln.

Wie du weißt, war ich sechs Jahre lang magersüchtig und dachte gar nicht daran, das, was ich mittlerweile als einen Teil von mir ansah, loszulassen.

An dem Tag, an dem ich das Bewusstsein meines höchsten Selbst annahm und zum ersten Mal eins mit Gott wurde, der Tag der Erleuchtung, veränderten sich mein gesamtes Leben und die Welt, in der ich zuvor gelebt hatte. Ich wechselte also die Stufe, verließ die Stufe, auf der sich alle Bestandteile der Illusion des von mir gelebten Lebens manifestiert hatten, betrat eine neue, und auf einmal war ich frei. Von diesem Tag an sah ich in den Spiegel und fand mich wunderschön, etwas, was ich keinen einzigen Tag jemals zuvor so hätte empfinden können. Auf dieser Stufe existierte die Krankheit nicht mehr. Ich konnte zum ersten Mal seit Jahren wieder ganz normal essen, machte mir keine Gedanken über Fette oder Kalorien, verstand noch nicht einmal mehr, weshalb all das so lange ein Problem für mich gewesen war. Es war, als wäre ich die ganze Zeit in einem

Spiel gefangen gewesen, dessen Anleitung ich verloren und von dem ich immer mehr geglaubt hatte, es sei die Wirklichkeit.

An diesem Tag brachen meine selbst errichteten Mauern um mich herum zusammen, und nur noch ich blieb übrig. Ich erkannte die Illusion, in der ich die ganze Zeit gelebt hatte. Ab diesem Tag begann ich, mich selbst zu erkennen, liebte mich von Tag zu Tag mehr. Ich nahm zu, aber das machte mir nichts aus.

Ich begann, endlich einfach nur zu leben!

Und das war ein unbeschreibliches Gefühl, das bis heute geblieben ist und das ich nicht bereit bin, je wieder einzutauschen.

Dieses Phänomen findet man aber nicht nur bei psychischen Erkrankungen, sondern natürlich auch bei physischen. Da mein Fokus bei diesem Buch nicht auf Erkrankungen liegt und Heilung nur einen netten Nebeneffekt der Bewusstseinserweiterung darstellt, möchte ich an dieser Stelle nicht tiefer in dieses Thema einsteigen. Aber es ist mir sehr wichtig, es zumindest anzusprechen und zu erklären, wie es dazu kommt.

Wie gesagt, manifestieren sich Energieblockaden in unserem Energiefeld, das eben auch unser Körper darstellt, und beeinflussen daher physische Abläufe oder erzeugen Krankheiten. Anhand unserer Beschwerden lässt sich bereits herausfinden, welche energetische Blockade vorhanden ist. Nun könnten wir diese bearbeiten. Allerdings würden wir dabei auf der Schwingungsebene bleiben, auf der sie entstanden ist. Vielleicht haben sich Informationen in unseren Zellen festgesetzt, die sie wieder neu entstehen lassen. Alle diese Informationen liegen auf der Schwingungsebene, auf der die Blockade beziehungsweise die Krankheit entstanden ist.

Das, was wir uns in unserem Leben wünschen, besitzt eine andere Schwingungsfrequenz als die, auf der wir uns im Moment des Wunsches befinden, denn sonst hätte sich dieser Wunsch bereits in unserem Leben manifestiert. Möchten wir aber nun eine Krankheit heilen, anstatt nur die Symptome wegzudrücken, oder suchen eine Antwort auf unsere Frage, oder wollen andere Ergebnisse in unserem Leben erzielen, dann müssen wir unsere Schwingung erhöhen und aus der Illusion dieser Dinge hinaustreten. Durch die Erweiterung unseres Bewusstseins erreichen wir also diese neue Ebene, auf der die Probleme nicht mehr existieren und wir die Antwort *sind*.

Wir sind jederzeit mit allen Möglichkeiten verbunden. Es ist wie bei einer Speisekarte. Wir haben die gesamte Palette aller Möglichkeiten jederzeit vor Augen, und es ist unsere freie Wahl, was wir bestellen. Haben wir aber einmal ein Gericht bestellt, was uns geschmeckt hat, dann bestellen wir es häufig immer wieder, da es sich ja bereits als gut herausgestellt hat.

Kennst du das nicht auch? Lieber das Altbewährte nehmen, anstatt ein Risiko einzugehen? Diese Erfahrung hat wohl jeder von uns schon gemacht. Aber trotz alledem bleibt die Karte aller Möglichkeiten bestehen, und wir haben in jeder Sekunde die freie Wahl, wofür wir uns entscheiden.

Und im Leben ist es nun mal so, dass wir uns meistens selbst beschränken, indem wir, um dieses Beispiel noch einmal zu zitieren, jahrzehntelang auf dieselben Gerichte setzen, anstatt uns zu trauen, etwas Neues auszuprobieren, auch wenn sich unsere äußeren Begebenheiten, unser Geschmack, der Koch, oder die Qualität der Zutaten schon längst verändert haben.

Was würde die Liebe jetzt tun? Oder: Was würde Gott jetzt machen?

Ich wechsle manchmal bewusst zwischen den Bewusstseinsebenen, um mich noch einmal in die Illusionen meiner Vergangenheit einzufühlen und so auch andere Menschen besser zu verstehen und zu spüren, die in der Welt leben, die auch ich jahrelang geteilt habe. Zudem ist es ein unbeschreibliches, einzigartiges Gefühl, wenn ich von meinem alten Bewusstsein in mein jetziges wechsle, von dieser Dichte der Begrenzungen, Trauer, Selbstzweifel und Neutralität hin zu Liebe, Fülle, Vollkommenheit, Verbundenheit und Vertrauen. Es fühlt sich jedes Mal an, als würde ich fliegen – es ist die Ekstase der Wiedererschaffung.

Ich hatte ja schon einmal zu Beginn des Buches unsere Bewusstseinserweiterung mit Kreisen verglichen, die uns umgeben und in die unser Bewusstsein hineinwachsen kann, wenn wir uns dafür öffnen. Dieses Bild möchte ich nun fortführen.

Es ist nämlich das Energiefeld unseres Bewusstseins, das sich wie eine Kugel um uns herum bildet und ausdehnt. Je ausgedehnter unser Bewusstsein ist, desto mehr Menschen, Tiere, Natur und Leben um uns herum schließt es mit ein. Grenzen beginnen sich nach und nach aufzulösen, und wir beginnen, uns langsam mit dem zu identifizieren, was uns umgibt. Erst im Kleinen, aber mit wachsendem Bewusstsein schließen wir unsere Umgebung immer mehr in unser Feld mit ein, verbinden uns mit ihr, werden eins.

So entsteht also nach und nach automatisch das Wir-Bewusstsein, zudem ein ausgeprägtes Umweltbewusstsein und ein ganz neues Bewusstsein für die Gefühle und das Leben anderer, da wir sie spüren, da wir *sie sind*.

Bewusstsein ist eine Art Energiefeld. Definieren wir uns als unser Ich, als den Körper, der wir glauben zu sein, oder als unseren Verstand, dann handelt es sich um etwas, was physisch begrenzt und somit abgetrennt ist von Allem-was-ist. So entsteht automatisch das Ich-Bewusstsein, unser Ego. Da wir uns dabei als getrennt von allem erfahren, ist es klar, dass wir nur nach unseren eigenen Bedürfnissen handeln können, denn wir nehmen nicht wahr, dass bedingungsloses Geben und für andere da zu sein etwas mit uns zu tun hat. Solange wir denken, wir wären unser Körper, glauben wir gleichzeitig alle Illusionen, die dieses Bewusstsein mit sich trägt. Unser Körper ist vergänglich, also glauben wir, wir wären es auch. Demnach ist unser Tod also das Ende.

Erkennen wir aber, dass dieses Bewusstsein nur auf einer Illusion aufbaut, und entscheiden wir uns bewusst, ein anderes Bewusstsein zu wählen, so verschwinden automatisch alle Ängste, die mit dieser Illusion zu tun haben. Ängste wie: Verlassen zu werden, irgendwann einmal allein sein zu müssen; die Angst davor, es könnte etwas Schlimmes passieren, oder das Leben würde einfach geschehen und wir seien dem ausgeliefert – all das resultiert genau daraus.

Im Einheitsbewusstsein jedoch (*Alles ist eins*!) wissen wir, dass alles seinen Sinn hat, dass nichts aus Zufall geschieht. Wir wissen, wir können vertrauen, egal, was passiert, denn das Leben ist immer *für* uns, und letztlich kann uns niemals etwas Schlimmes geschehen.

Wir wissen, dass der Tod nicht existiert und der Sterbeprozess eine der wundervollsten Erfahrungen ist, die wir machen können, weil wir uns neu erschaffen, indem wir wiedergeboren werden. Wir können dadurch jegliche Identitäten annehmen, unterschiedliche Geschlechter und Körper kennenlernen und mit diesen alles erfahren, was das Leben für uns bereithält.

Jetzt stellt sich natürlich die Frage: Wie kommen wir dorthin? Und die Antwort ist ganz einfach: Du bist bereits da. Erkenne, dass das so ist, wähle es, und du bist es!

Dazu die folgende Übung:

Bitte schließe die Augen und fühle in dein Herz hinein. Spüre die Kraft und die Liebe, die von ihm ausgehen. Und dann stell dir vor, wie sich diese Energie ausbreitet, erst in den Raum, in dem du bist, dann in das gesamte Haus, über deine Stadt, das Land, die Erde, das Universum, bis du alles bist, was ist.

Du kannst dich selbst nun von außen betrachten, deinen Körper, dich in diesem Feld bewegen, wie du es möchtest, und selbst die Erfahrung machen, dass dein Körper ein Teil von dir ist, dass du selbst aber viel mehr bist als nur das.

Was hast du wahrgenommen? Sollte jetzt Angst aufgekommen sein, dann ist das total verständlich. Dein Verstand, der vielleicht noch nie solch einen Gedanken gedacht und solch eine Erfahrung gemacht hat, muss auch erst einmal in diese neue Welt hineinwachsen.

Und genau dafür gibt es einen weiteren Trick: Frage dich so oft wie möglich, was der höchstmögliche Gedanke ist, den du gerade über dich, über andere oder das Leben denken kannst. Wenn wir das trainieren und uns das immer wieder fragen, programmieren wir unsere Gedankenstrukturen komplett um und wachsen so in diesen, für unser Ich neuen Bewusstseinszustand hinein.

Noch effektiver ist allerdings ein anderer Trick:

Wir haben hier auf der Erde das Geschenk der freien Wahl. Nichts kann uns begrenzen, verletzen oder über uns bestimmen, außer wir wählen es. Und so haben wir auch jederzeit die Wahl, in welchem Bewusstsein wir leben wollen. Das bringt mit sich, dass man nur von der Existenz anderer Zustände erfahren muss. Das höchste Bewusstsein, das ich kennengelernt habe, ist unser göttliches Bewusstsein, in dem wir wissen, ich bin eins mit Allem-was-ist, ich bin ein Teil von Gott. Ich bin Gott. Gott an sich ist Alles-was-ist: Leben.

Wir haben dem Begriff GOTT über Jahrtausende eine Bewertung und dieser Energie ein Ego gegeben, da wir uns nicht vorstellen konnten, dass es Leben gibt, das kein Ego besitzt. Solltest du also Probleme mit dem Begriff Gott haben, der mit so vielen Vorstellungen behaftet ist, kannst du „Es" natürlich auch Quelle, Leben, Universum oder einfach Energie nennen.

Sobald wir dieses Bewusstsein sind, ändert sich auch das Verständnis für alles, was uns nun umgibt. So auch unser Umweltbewusstsein, da auch die Natur und die Erde zu einem Teil von uns werden und wir uns untrennbar mit ihr verbinden.

Vielleicht hast du dich schon einmal gefragt, weshalb sich so viele spirituelle Menschen vegan ernähren. Denn wie kannst du noch ein Tier essen, dessen Angst und Schmerz du spürst und von dem weißt, dass es ein Teil von dir ist?

An dieser Stelle möchte ich aber ganz klar sagen: Nur weil wir Fleisch essen, sind wir keine schlechteren Menschen, und es muss auch nicht sofort sein, dass du mit der Erweiterung deines Bewusstseins dich von heute auf morgen anders ernährst, Plastik meidest und Bäume umarmst. Du wirst vermutlich eine immer stärkere Liebe und Verbundenheit zu deiner gesamten Umwelt erfahren, die mit deinem Bewusstsein mitwächst. Auch warum ich hauptsächlich in der Wir-Form schreibe, wirst du vermutlich nun erkannt haben, denn ich nehme mich nicht als getrennt von dir wahr. Ich weiß, dass ich den Bewusstseinszustand gewählt habe, der über alle Grenzen hinausgeht und überall ist. Du bist da mit eingeschlossen, du bist ein Teil dieses Bewusstseins: Wir sind eins.

Und genau darin sehe ich die Heilung unseres gesamten Planeten. Wie könnten wir je einen Menschen verletzen oder sogar töten, wenn wir ihn spüren und eins sind mit ihm? Wie könnten wir jemals beleidigt sein, jemandem misstrauen oder nicht vergeben, wenn wir seine Beweggründe mit fühlen und verstehen, wenn wir wissen, dass wir uns jederzeit gegenseitig helfen und uns das geben können, was unser Gegenüber sich als Teil seiner Erfahrung wünscht?

In diesem Feld des Bewusstseins liegen alle Informationen, die es über unser Sein gibt, auf die ich nun immer besser zugreifen kann, und wir alle können unser Bewusstsein weiten. Und genau das ist das Bewusstsein, das uns alle verbindet und das wir wählen können zu sein. Was ich hier als Mensch Katharina schreibe, das habe ich nicht neu erschaffen. Ich habe mich nur verbunden und somit ein umfassenderes Verständnis all dessen erlangt, als es vorher der Fall war, das aber in unser aller Unterbewusstsein vorhanden ist. Ich bin nichts Besonderes beziehungsweise nicht besser oder wertvoller, nur weil ich auf einmal Zugriff auf Dinge habe, die andere vielleicht bewusst noch nicht haben. Denn ich und du, wir existieren nur physisch, im Einheitsbewusstsein aber existiert keine Trennung, da sind du und ich eins. Ich, als Katharina, nutze nun meine Identität und dieses unfassbar einzigartige Geschenk meines Körpers dafür, auch dich an deine wahre Größe zu erinnern, und es dir so zu ermöglichen, das Feld deines Bewusstseins dem anzupassen, was du selbst leben und erfahren möchtest, wobei, wie ich noch einmal betonen möchte, wir alle bereits unbewusst dort sind.

Es ist so viel mehr möglich, als wir glauben! Und auch ich bin definitiv noch lange nicht am Ende angelangt, sondern habe gerade erst begonnen, all das zu erforschen.

Wie weit bist du bereit zu gehen?

Was möchtest du fühlen?

Als was möchtest du dich erfahren?

Triff eine Entscheidung, und du wirst es erleben!

***

Dein Hauptkanal

Wir glauben immer, man müsste bestimmte Dinge tun, um alte Energieblockaden zu lösen, alte Geschehnisse loszulassen. In Wahrheit ist es so, dass nur eine Entscheidung von uns notwendig ist, eine neue Bewertung und Annahme der Situation von damals, und der Glaube daran, das Alte nun aufgelöst zu haben, um diese Blockade zu beenden. Wir können nichts falsch machen. Sobald wir selbst daran glauben, tief davon überzeugt sind und spüren, dass wir es losgelassen, vergeben oder angenommen haben, ist es so.

Das Einzige, was dabei zählt, das ist unser Glaube, unsere tiefe Überzeugung, dass es so ist, und all dies am besten in einem Zustand innerer Ruhe, damit es sich direkt in unserem Unterbewusstsein verankert. Du kannst deinen Fokus auch bewusst auf dein Unterbewusstsein richten, dort hineinfühlen und dann in diesem Zustand tiefer Entspannung auflösen. Sobald du mit deinem Unterbewusstsein verbunden bist, hast du die Möglichkeit, jegliche Fragen über dich und dein Leben zu stellen, und du wirst Antworten erhalten.

Wie genau diese aussehen, das ist bei jedem anders. Ich selbst empfange Bilder, kurze Filme, immer verbunden mit den zugehörigen Emotionen, die mich die Situation wirklich spüren und nachempfinden lassen.

So war es auch, als ich mich damals zum ersten Mal mit meinem Unterbewusstsein verband und die Frage stellte, die mich schon lange beschäftigte:

Lange Zeit hatte ich ein gestörtes Verhältnis zu Männern und versuchte selbst, krampfhaft die männlichen Anteile in mir auszuleben und zu spüren. Als ich das erkannte, ging ich in mich und stellte mir die Frage, wann und wodurch diese innere Einstellung entstanden war. Ich reiste meinen Zeitstrahl des Lebens zurück, bis ich im Bauch meiner Mutter ankam.

Dort spürte ich Wärme und Geborgenheit und fühlte, wie ich mit allem um mich herum verbunden war, mit dieser warmen, wundervollen Umgebung, in der ich schwamm. Aber auf einmal bemerkte ich etwas, das mit mir diesen Raum teilte. Ich sah meinen Bruder, der, mir zugewandt, mit im Fruchtwasser schwamm. Wir waren verbunden, und ich spürte dieses tiefe Urvertrauen und die angenehme Wärme, die wir waren. Als ich ihn erblickte, wechselte das Bild, und ich sah Yin und Yang, wie sie sich wieder miteinander verbanden und ineinander verflossen. Dabei entstand eine enorme und wundervolle Energie, die mich einhüllte, und in dem Moment spürte ich, dass der Teil, der mir immer gefehlt hatte, nun wieder bei mir war: Ich war vollständig.

Als der Fötus meines Bruders kurz darauf abging und mir so Platz machte, damit ich mich voll entfalten konnte – als er ging, um mir mein Leben zu schenken –, empfand ich eine tiefe Dankbarkeit, wie nie zuvor. Ich wusste auf einmal, dass ich nie allein gewesen war, sondern auch er ein Teil von mir ist, und wir immer verbunden waren und es immer sein würden.

Das war eine für mich sehr eindrucksvolle und intensive erste Erfahrung mit dem scheinbar unbegrenzten Wissen meines Unterbewusstseins.

An dieser Stelle möchte ich zu meinem Bild noch ein paar Worte ergänzen: Fast die Hälfte aller Schwangerschaften sind Zwillingsschwangerschaften. Nur wenige aber bleiben wirklich physisch bestehen. So erklären sich viele Gefühle, die wir Menschen noch Jahre später empfinden: Ängste des Verlassen-Werdens, Ängste vor Trennung oder vor dem Alleinsein. Dabei sind wir doch gar nicht von unseren Geschwistern getrennt. Sie haben lediglich eine andere Ebene gewählt, und können trotzdem feinstofflich zu jeder Zeit bei uns sein.

Solltest du nun zum ersten Mal versuchen, selbst auf dein Unterbewusstsein zuzugreifen, dann mach dir keine Sorgen, sollte es nicht sofort funktionieren. Nicht jeder wird es gleich so intensiv erleben wie ich, denn was uns meistens davon abhält, sind wieder einmal unsere eigenen Einstellungen von dem, was wir glauben, und wie viel wir als Realität akzeptieren.

Also ist es wieder einmal der erste Schritt, hier seine Überzeugungen zu überprüfen, um für freien Raum zu sorgen, in dem die neuen Informationen ihren Platz finden können.

Auch haben wir nicht alle dieselben Kanäle, über die wir Informationen empfangen. Wir alle haben einen Hauptkanal, der bei uns am stärksten ausgeprägt ist. Es kann sein, dass du mithilfe deines Dritten Auges feinstoffliche Energien als Bilder sehen, oder vielmehr wahrnehmen kannst, es ist aber ebenso möglich, dass du diese verschiedenen Energien oder Energiefelder „nur“ spürst und mit der Zeit lernst, sie zu unterscheiden, ihre Merkmale zu erkennen und sie einzuordnen. Auch gibt es Menschen, die schmecken oder hören, andere spüren, wie eine Energie durch sie hindurchfließt, wenn sie beginnen zu schreiben, und wieder andere drücken das, was sie wahrnehmen, in ihrer Kunst oder Musik aus. All das kann ein Weg sein, sich selbst als göttliches Wesen zu erfahren und seine Kanäle zu erkennen und zu fördern.

Horche in dich hinein und folge allen Bildern oder Dingen, die du wahrnimmst, aber ohne etwas Bestimmtes zu erwarten. Lass los, lass geschehen!

Deinen eigenen Kanal kannst du sehr leicht testen. Schließe einmal kurz die Augen und denke an deinen letzten Urlaub. Tu das bitte, bevor du weiterliest.

Was war es, was du als Erstes gespürt hast? Hast du ein Bild gesehen? Oder vielleicht die Pasta deines letzten Italien-Urlaubs gerochen, oder lag dir ihr Geschmack auf der Zunge? Hast du die Musik der Straßenmusiker gehört, als du durch Venedigs Straßen geschlendert bist, oder stellte sich als Allererstes ein Glücksgefühl ein, als du mit deiner Familie in die großen Wellen Portugals gehüpft bist?

Das, was du zuerst wahrgenommen hast, ist in den meisten Fällen der Kanal, über den du Energien unterschiedlicher Art am besten erkennen kannst. Und egal, wie „klein" diese Dinge sind, die du glaubst wahrzunehmen: Glaube an dich und deine Fähigkeiten, denn auch diese Sinne sind im Normalfall nicht auf einmal da, sondern lieben es, wenn wir ihnen Aufmerksamkeit, Vertrauen und Liebe schenken und Zeit in sie investieren, ihnen zuhören und an sie glauben. Dann wachsen sie, und wir nehmen immer mehr und immer intensiver wahr und bekommen die Möglichkeit, weitaus mehr zu erkennen, als wir bisher von unserer Welt gesehen haben. In uns allen liegen diese Möglichkeiten verborgen.

Wir können so viel mehr, als wir glauben. Glaub an dich! Vertrau dir! Schau, ob du dich noch selbst klein hältst, erkenne dich an. Du kannst, du darfst, du bist es wert!

Manifestation des Glücks

Alles, was du brauchst, liegt bereits in dir. Also: Was brauchst du, um glücklich zu sein?

Schreib alles auf, was dir einfällt, was dich wirklich glücklich macht. In welchen Situationen in deinem Leben fühlst du dieses tiefe Gefühl des Glücks? Was sind die Geschehnisse, in denen du es so spürst, wie du dir Glück wünschst? Was hat dich als Kind glücklich gemacht? Was hast du damals dafür gebraucht?

Und? Was steht auf deiner Liste? Bist du glücklich? Hast du all das in deinem Leben, was dort steht, bereits erreicht?

Richte deinen Fokus auf das, was bereits da ist, und füge es nach und nach mehr in deinen Alltag ein. Es ist bereits alles vorhanden, was du brauchst, um glücklich zu sein. Du brauchst nicht noch mehr und mehr im Außen, um glücklich zu sein, du hast bereits alles in dir und kannst jederzeit darauf zurückgreifen.

So ist es mit jedem weiteren Gefühl auch. Wollen wir mehr Liebe spüren, dann ist der Weg dorthin, liebevoll zu denken, Liebe zu spüren und danach zu handeln. Sei liebevoll zu dir und beginne, dich selbst zu lieben. Zeige anderen deine Liebe und verbringe mehr Zeit mit alledem, was du liebst, und mit denen, die du liebst.

Schöpfung passiert nicht, indem wir etwas im Außen suchen und ihm hinterherrennen. Wir erkennen, dass alles bereits da ist, was wir uns wünschen, indem wir so denken, fühlen und handeln; so leben, als seien wir es schon, als wäre es bereits in unserem Leben, als wäre es bereits unsere Realität.

Lebe deine Wahrheit! Sei deine Wahrheit!

Wir denken immer, wir müssten uns „auf den Weg begeben", und trennen uns so vom Ziel ab, dabei sind wir bereits da.

Diese Erkenntnis hat mein Leben total verändert, denn sobald wir denken, wir müssten erst etwas tun, um dort hinzukommen, sind wir im Mangel. Wir trennen uns ab, zeigen, dass wir noch nicht dort sind und noch ohne das sind, was wir uns wünschen, und damit stellen wir uns auf die Seite des Mangels.

Alles, was wir uns wünschen, entsteht jedoch aus der Fülle heraus beziehungsweise *ist* Fülle. Überleg einmal, wie du handeln würdest, wärst du erfüllt, müsstest dich um nichts sorgen, hättest immer genug, könntest vertrauen.

Und jetzt streiche *hätte, müsste, könnte*. Du kannst vertrauen, du bist genug, du lebst in Fülle, du darfst das Leben deiner Träume leben, du bist Liebe, du bist Vollkommenheit, du bist Vertrauen, du bist Verbundenheit!

Es gibt die drei Ebenen, auf denen wir unser Leben aufbauen: unser Denken, Fühlen und Handeln. Wenn du es noch nicht fühlst und es nicht glauben kannst, frage dich: „Wie würde ich jetzt denken, wäre ich mein höchstes Selbst?", „Wie würde ich jetzt reagieren, wie würde ich handeln, wäre ich bedingungslose Liebe?", „Wie würde ich denken, fühlen und handeln, wäre ich bereits da?" So hebst du deine Schwingung ganz natürlich auf eine neue Ebene an, auf der sich dein Ergebnis bereits befindet. Du änderst deinen Fokus und siehst bereits, dass alles da ist.

Wenn wir beispielsweise eine Frage haben, dann müssen wir nicht verzweifelt nach einer Antwort suchen, denn damit signalisieren wir unseren Mangel und zeigen, die Antwort, das Gefühl, oder was auch immer wir uns wünschen, ist noch nicht in unserem Leben. Unser Fokus liegt darauf, was uns noch fehlt, und durch diesen Mangel schwingen wir auf einer sehr niedrigen Frequenz.

Die Antwort auf eine Frage wie auch unsere Wünsche, Träume und Visionen – all das besitzt eine höhere Schwingungsfrequenz als die, in der wir im Moment der Frage (des Mangels) schwingen.

Worauf du deinen Fokus richtest, das kommt zu dir. Was du ausstrahlst, kommt zu dir zurück. Das bedeutet: Bist du im Mangel, im „Ich habe noch nicht und möchte haben", dann erzeugt das mehr Mangel und entfernt dich von deinem eigenen Ziel, denn du richtest deinen Fokus auf den Weg und trennst dich von deinem Ziel ab, so, als läge ein Hindernis zwischen dir und deinem Ziel.

Aufzuwachen bedeutet für mich, dass wir unsere Schöpferkraft in jeder einzelnen Sekunde anerkennen und nach diesem Wissen handeln. Wir können uns das Leben unserer Träume erschaffen, einzig und allein mithilfe der Kraft unserer Gedanken, die unseren Fokus ausrichten und unser Handeln beeinflussen.

Lebst und handelst du aus dem Wissen heraus, dass du bereits all das hast, was du dir wünschst, dann wirst du es auch erreichen. Automatisch hebst du deine Schwingung an und passt sie der Schwingung deines Ziels an. Unser Schwingungsbereich erzeugt unseren Fokus. Das, was wir wahrnehmen. Das, was wir tun.

Die Antwort auf eine Frage hat also immer eine höhere Schwingungsfrequenz als die Frage selbst, sonst gäbe es keine Frage, denn dann wäre die Frage bereits die Antwort.

Das in der Praxis umzusetzen, geht so:

Du stellst dir demnächst nicht die Frage:

Wie erreiche ich mein Ziel, was ist der Weg?,

sondern erst einmal fragst du dich:

Wie denke, fühle und handle ich, wenn ich es bereits habe oder bin? Und dann geh in dieses Gefühl hinein, spüre, wie es sich anfühlt, visualisiere dieses Ziel so, als seist du bereits da und hättest es in deinem Leben. Und dann beginnst du damit, deine Wahrheit immer mehr zu leben, deine Wahrheit zu sein, diese Gedanken, Gefühle und Handlungen anzunehmen und zu deiner Wahrheit werden zu lassen.

Wenn du in einer schwierigen Situation nicht weiter weißt, kannst du in einer Meditation oder in einer ruhigen Minute in Gedanken zu deinem Ziel gehen – in den Moment, in dem du all das erreicht hast, was du dir heute wünschst. Fühle dich richtig in die Situation ein, sieh dich und deine Umgebung, deinen Weg, fühle, wie du dich dort fühlst. Aus dieser Perspektive heraus kannst du dir deinen Weg anschauen, du kannst gucken, wie du dich entwickelt hast, um dein Ziel zu erreichen, und welche Lösungen du für Probleme gefunden hast. Wechsle immer wieder die Perspektive, wenn du nicht vorankommst, und du wirst staunen.

Du wirst überrascht sein, was auf einmal alles möglich ist. Es erfordert zwar ein bisschen Übung, aber wenn du es einmal verstanden hast – verstanden, dass alles relativ ist, dass jeder in seiner eigenen Welt seine Illusion lebt –, dann hast du die Kraft und die Macht, dir deine Welt zu gestalten, wie du sie möchtest, und die Person zu sein, die du sein möchtest. Zwischen Wunsch und Realität liegt nur deine Entscheidung.

Die Intensität unseres Willens entscheidet über das Gelingen. Aber ebenso unsere Intention, die dahinter steht. Es heißt zwar, dass alles, was wir geben, zu uns zurückkehren wird. Möchtest du also mehr Liebe in deinem Leben, dann schenke anderen mehr Liebe: möchtest du mehr Glück, dann mach andere glücklich.

Genauso verhält es sich mit materiellen Dingen. Möchtest du mehr Geld haben, dann gib anderen mehr. Handle, als hättest du es bereits, in dem Wissen und aus der vollen Überzeugung, dass diese Fülle bereits in deinem Leben ist.

Tun wir das aus Überzeugung, weil wir anderen wirklich etwas Gutes tun möchten, und aus dem Wissen heraus, dass wir genug haben, um etwas davon abzugeben; dass wir in Fülle leben, dann wird sich diese Fülle auch nach und nach immer mehr auf allen Ebenen in unserer Realität manifestieren.

Geben wir aber nur, um Fülle in unser Leben zu ziehen, dann entfernen wir uns davon. Warum? Weil es wieder einmal unseren Mangel ausdrückt und zeigt, dass es noch nicht da ist. Wir halten zurück, aber Energien wollen fließen. Geben wir aber aus Überzeugung, aus dem Wissen heraus, dass wir bereits alles haben, und so viel, dass wir es mit anderen teilen können, dann erzeugen wir eine enorme Energie der Fülle, die unseren Fokus wieder einmal steuert und auf Situationen richtet, die uns diese Fülle bestätigen. Dann scheinen wir automatisch Menschen, Gefühle, Gedanken und Situationen in unser Leben zu ziehen, die uns mehr und mehr in die Fülle bringen, die auf diese Weise immer mehr zu unserer Wahrheit wird, nur weil wir unsere Perspektive von Mangel auf Fülle gelenkt haben.

Das Leben ist so einfach, wenn wir erst einmal verstanden haben, wie es funktioniert. Nur du selbst hinderst dich daran, das Leben zu leben, das du dir wünschst. Schau dir deine äußere Welt an, sie ist ein Spiegel deiner inneren.

***

Die Wahrheit

Was war der Grund, weshalb du dieses Buch ausgesucht hast? Was ist der Grund, weshalb du gerade diese Zeilen liest? Was ist dein Ziel? Was ist dein Wunsch, der sich dahinter verbirgt?

Ein wichtiger Schritt des bewussten Lebens, des Sich-Bewusst-Werdens, ist der, bewusst Entscheidungen zu treffen. Und damit meine ich, nicht nur zu entscheiden, sondern auch seine Beweggründe für diese Entscheidung zu kennen. Wo möchtest du hin? Denn wenn du dieses Ziel kennst, ist es viel leichter, den Kurs zu halten.

Du kannst Entscheidungen immer deinem Ziel anpassen, bewerten mit „hilfreich", „bringt mich meinem Ziel näher", oder eben nicht. Wir benötigen kein Gut und Böse mehr, kein Richtig oder Falsch. Erschaffe deine Wahrheit, und du kennst den Weg.

Kennst du noch diesen Kasten mit den verschiedenen Ausschnitten, den wir als Kinder in irgendeiner Form hatten? Dieser Kasten mit Öffnungen in Form von Dreiecken, Quadraten, Kreisen, Sternen und so weiter, zu denen es dann bestimmte Steine in der entsprechenden Form gab. Für jedes Loch gab es genau einen passenden Stein. Wollte man einen anderen hineinstecken, beispielsweise das Quadrat in den Kreis, dann konnte man sich verbiegen, wie man wollte, es passte nicht.

Wenn du noch den Regeln anderer folgst, keine eigenen Ziele und Wünsche hast und dir selbst nicht bewusst bist, warum du etwas tust, dann ist es, als gäbe es keinen Deckel. Als wäre der Kasten geöffnet, und du könntest alles hineinwerfen, was du wolltest. Ungefiltert käme der gesamte Müll der Gesellschaft in den Kasten, bis er überläuft.

Sobald du aber erkennst, wer du wirklich bist, dir deiner selbst bewusst wirst und somit auch deiner Träume und Ziele, legt sich der Deckel über den Kasten. Nun passen nur noch bestimmte Steine in bestimmte Öffnungen, du lässt nicht mehr wahllos alles in dich hinein, sondern hast ein konkretes Raster, einen Filter, nach dem du sorgfältig nur zu dir passende Steine in dein Leben lässt und deine Gedanken ordnest, sorgfältig auswählst und viel Platz für das hast, was für dich wirklich wichtig ist.

Du musst nichts werden, denn du bist bereits alles. Oder, wie Neale Donald Walsch so schön sagt: „We are human beings, not human doings“.

Alles, was du wissen musst, ist bereits da. Du musst nicht den Weg zur Erleuchtung finden, denn dieser existiert nicht. Es gibt keinen Weg, es gibt nur das Sein, der einzige Weg, das Einzige, was zwischen dir und deiner Vision liegt, ist die Entscheidung dazu. Du bist nämlich bereits erleuchtet. Jeder Einzelne von uns Menschen ist es. Nur sind es die meisten unbewusst.

Nur 1 bis 5% dessen, was wir wahrnehmen und wissen, ist bewusst, 95 bis 99% dessen, was wirklich existiert, nehmen wir nur unbewusst wahr. Verständlich, denn diese Informationsflut würde uns gänzlich überfordern.

Frage dich also nicht mehr, wie kann ich es werden, sondern *sei* es, *lebe* deine Wahrheit! Ich weiß, es klingt einfacher, als wir es uns in den meisten Fällen machen, denn dazwischen liegt noch unser selbst erschaffenes Konstrukt der Zeit, aber genau das ist das Geheimnis. Du kannst, wenn du bereit bist, heute, jetzt, in dieser Sekunde, die Entscheidung treffen, all den Schmerz loszulassen, zu vergeben, dir und jedem anderen, loszulassen, was dich noch begrenzt, und die Freiheit, die Liebe, die Vollkommenheit und Verbundenheit als deine neue Wahrheit ansehen.

Wie würdest du handeln, wärest du deine Wahrheit?
Wer würdest du sein?

Ich selbst habe eine Liste für mich erstellt, die meine Wahrheit beschreibt und die zeigt, wer ich entschieden habe zu sein, wer ich bin. Und diese möchte ich mit dir teilen.

Meine Wahrheit, nach der ich denke, fühle, handle und mir mein Leben erschaffe, ist:

- Ich sehe jedes Lebewesen als einen Teil von mir an, als ich selbst – ICH BIN Alles-was-ist.
- Ich vertraue.
- Ich lasse die Angst los.
- Ich liebe bedingungslos.
- Ich gebe bedingungslos.
- Ich halte nichts zurück.
- Ich horte nichts.
- Ich helfe bedingungslos.
- Ich liebe mich.
- Ich tue mir und anderen nur Gutes.
- Ich bin die Wahrheit.
- Ich bin bewusst.

- Ich gebe mir alles, was ich will (was meiner Seele guttut; nicht, was mein Ego fordert).
- Ich verwirkliche mich selbst.
- Ich lasse dunkle Teile los.
- Ich wähle Licht.
- Ich verabschiede mein Ego.
- ICH BIN.

Mit allem, was du machst, drückst du dich in allem aus, was du bist.

Das Vergessen ist ein Teil des Prozesses, das Erinnern auch. Ohne das eine kann das andere nicht existieren.

Meine Wahrheit muss nicht deine sein und sollte es auch gar nicht. Ich möchte dich inspirieren und dazu ermutigen, deine eigene zu finden, loszugehen, zu hinterfragen, umzudenken, dich und dein Leben einmal von außen zu betrachten und dann nach und nach zu erkennen, wer du eigentlich sein möchtest oder bist, und das zu leben, im höchsten Ausdruck deiner selbst.

Du bist mehr als alles, was du jemals gedacht hast zu sein. Du bist ein Teil von allem, du bist Gott, du erschaffst, und zwar in jeder einzelnen Sekunde, mit jedem Gedanken, den du denkst, mit jedem Gefühl, das du fühlst, und mit jeder Handlung, die du vornimmst. Du kannst nicht nicht denken, du kannst nicht nicht fühlen, und du kannst nicht nicht handeln. Es gibt keinen Stillstand im Leben, denn es ist ein Kreislauf, und ein Kreis ist unendlich.

Das Leben an sich ist immer vollkommen, jede einzelne Situation. Es kommt nur auf deine Perspektive an, ob du es auch als solches erfahren möchtest.

Sei du selbst die Veränderung, die du in der Welt sehen möchtest.

Es gibt zwei Antriebsmomente, aus denen wir handeln können. Das sind einmal die Liebe, und einmal der Mangel.

Handeln wir aus dem Bedürfnis heraus, uns wertvoll zu fühlen oder geliebt zu werden, dann handeln wir aus dem Mangel. Wir versuchen also, im Außen etwas zu finden, was wir selbst in uns noch nicht gefunden haben. Wenn wir den Antrieb haben, dass wir uns wertvoll fühlen wollen und daher etwas im Außen erschaffen, werden wir nie ankommen und nie bleibend finden, wonach wir suchen. Es ist nämlich unmöglich, zu denken, wertlos zu sein, und daraus eine Handlung zu erschaffen, die uns vom Gegenteil überzeugt. Wir erschaffen aus unserer inneren Realität hinaus unsere äußere, und diese äußere Welt spiegelt uns somit lediglich unsere innere Realität unseres Selbstbilds, in der wir meinen, nicht vollständig, nicht wertvoll zu sein.

Wissen wir aber, dass das Außen nur ein Spiegel unserer inneren Überzeugungen ist, nämlich das, was wir glauben zu sein, dann wissen wir auch, dass wir diese Gefühle im Außen nicht finden werden, solange wir nicht unsere Realität, unser Denken über uns selbst, verändern. Sobald wir uns gefunden haben und wissen, wer wir sind, sobald wir alles, was wir uns wünschen zu sein, in uns selbst gefunden haben und nach nichts mehr im Außen streben, nach nichts mehr auf der Suche sind, wird unser Handeln zu einem Ausdruck von uns selbst. Wir können unsere Wahrheit leben und uns im gleichen Zuge als das erfahren, was wir sind.

Das ist für mich der Schlüssel zur wahren Fülle. Meine Erfüllung liegt darin, mich nun als das zu erfahren, was ich bin, und alles, was ich tue, als Ausdruck meines Selbst zu erleben.

Sobald wir im Fülle-Modus sind, sind wir automatisch im Geben. Wir wissen, dass uns alles, was wir jemals brauchen könnten, unbegrenzt zur Verfügung steht. Daher können wir jederzeit bedingungslos geben und für andere da sein, denn es gibt nichts, was wir von ihnen erwarten, es gibt nichts, was sie uns geben könnten, was wir selbst uns nicht geben können.

Denken und handeln wir aber aus dem Mangel heraus, dann ist unser Erschaffen auf ein Ziel im Außen ausgerichtet, und somit an Bedingungen geknüpft. Denn wir gehen nur los, um letztendlich etwas zu bekommen.

Leben wir unsere Wahrheit und erschaffen als Ausdruck unseres Selbst, dann wird der Weg zu einer großen Freude. Ein Ziel zu haben ist dabei hilfreich, denn es dient als Wegweiser für die Handlungen. Das ist der Sinn unseres Lebens, den wir selbst erschaffen können, den wir gleichzeitig aber in jeder Sekunde leben, sodass wir unserem Ziel mit jedem Atemzug näherkommen. Träume so groß, wie du nur kannst, dadurch erschaffst du ganz andere Gedanken. Unsere Ziele dabei können auch erst einmal scheinbar unerreichbar formuliert sein, wie: „Ich trage zum Weltfrieden bei"; „ich beende den Hunger auf Erden" oder, wie bei mir: „Ich trage zur weltweiten Erweiterung unseren Bewusstseins bei".

Und natürlich machen wir das nicht allein. Wir alle helfen uns täglich gegenseitig und arbeiten zusammen. Aber diese Gründe, dieser übergeordnete Sinn, richtet unser Denken und Handeln aus.

Friedrich Nietzsche hat einmal gesagt: „Ziele nach dem Mond, denn selbst wenn du ihn verfehlst, wirst du zwischen den Sternen landen."

Und genau danach lebe auch ich. Ich weiß, dass ich allein nicht in der Lage bin, unser weltweites Bewusstsein zu weiten und so durch eine erwachte Gesellschaft für Frieden zu sorgen. Aber genau das ist meine Richtung, in die ich gehe, und nach der ich jeden Gedanken, jede Gefühl, jedes Wort und jede Handlung ausrichte.

Wir begrenzen uns nur selbst, indem wir klein träumen. Ich lebe meine Wahrheit, ICH BIN, und ich weiß, dass ich allein dadurch ein gesamtes Umfeld beeinflusse. Um den Weg zu gehen, drücke ich diese Wahrheit in Form meiner Bücher aus, inspiriere in Form eines Podcasts, spreche auf Bühnen und arbeite daran, ein neues Regelschulsystem aufzubauen, um es den neuen Generationen zu ermöglichen, genau das von Beginn an zu erfahren. Und so komme ich meinem Ziel jeden Tag ein Stückchen näher. Aber ich knüpfe mein Gefühl meines Wertes nicht an mein endgültiges Ziel. Ich habe nicht erst Erfolg, wenn ich mein Ziel erreicht habe, ich bin in jedem Moment erfolgreich, indem ich ich *sein* kann, indem ich *bin*, denn mein Weg ist gleichzeitig mein Ziel.

Nun stell dir einmal vor, unser Fokus läge auf dem Erreichen eines bestimmten Ziels. Würden wir unseren Wert und Erfolg nur darüber definieren, ob und wie schnell wir unser Endziel erreichen, dann könnten wir den Weg dahin nicht genießen, würden mit unseren Gedanken immer in der Zukunft sein, und dabei ganz das Wunder jeden Augenblicks verpassen. Und auch wenn das Ziel erreicht ist, wäre das wohl eine ziemlich kurze Freude. Wir könnten uns für einen kurzen Moment gut fühlen, in dem wir das Ziel erreichen, aber was kommt dann?

Wenn wir stundenlang in der Küche stehen, um für unsere Familie zu kochen, und es ist nach wenigen Minuten aufgegessen, dann ärgern wir uns. Kochen wir aber, weil wir es lieben, weil es unsere Leidenschaft ist, dann können wir auch das Essen genießen, da der gesamte Prozess eine Freude war und wir nicht gekocht haben in der Hoffnung, Lob von unserer Familie zu bekommen, sondern um uns selbst zu verwirklichen.

Oder nehmen wir das Beispiel Schule. Vor einer Arbeit haben wir viel Zeit in den Lernprozess investiert, da wir auf das Ziel ausgerichtet waren, eine gute Note zu schreiben. War die Arbeit vorbei, stellte sich die Ernüchterung ein, da wir viel wertvolle Lebenszeit in etwas gesteckt hatten, was keinerlei Bedeutung für uns hatte, da nur das Ziel zählte. Erreichten wir dazu noch unser Ziel einer guten Note nicht, dann haben wir schnell unseren Wert von Erfolg oder Misserfolg abhängig gemacht. Haben wir aber einen Traumberuf, einen Sinn, und lernen dafür, dann ist bereits der Lernprozess eine große Freude voller spannender, neuer Erkenntnisse. Das endgültige Ziel jedoch dient nur als Orientierungshilfe und Richtung, dieses zu erreichen ist nicht nötig. Wir sind in jeder Sekunde des Lernens bereits erfolgreich, da wir auf dem von uns ausgewählten Weg vorankommen.

Also, träume groß, ziele nach dem Mond, gib dir ruhig eine übergeordnete, lebensfüllende Aufgabe, und ich verspreche dir, es wird dir nie wieder langweilig sein!

Ich finde es traurig, dass wir alle diese Dinge brauchen, die – „Wie werde ich glücklich"-Ratgeber, Mittel gegen Stress, Rituale und Workshops, um zu lernen, das Herz wieder zu öffnen. Denn kein Kind kommt unglücklich zur Welt. Wenn wir Babys oder Kleinkindern in die Augen schauen, dann leuchten sie. Sie sind glücklich. Kinder benötigen keinen Ratgeber zum Glück, sie müssen nicht lernen, ihr Herz zu öffnen, sie sind einfach glücklich, und ihr Herz ist immer offen. Kinder müssen nicht lernen zu geben, sie drücken dir freiwillig ihren Schnuller in den Mund oder teilen ihr ausgelutschtes Brötchen mit uns. Kinder sind, was wir versuchen zu sein. Das bedeutet aber gleichzeitig, dass auch wir einmal das waren, was wir heute wieder lernen wollen zu sein. Und das ist eine sehr wichtige Erkenntnis. Denn wir können nicht nicht sein. So roh (wie ein ungeschliffener Diamant), so ehrlich, so sehr, wie wir in unseren ersten Lebensjahren waren, das sind wir, das ist unser wahres Selbst.

Gleichzeitig bedeutet das aber auch, dass alles, was wir heute meinen zu sein, kein fixer Zustand ist. Wir haben all diese Erfahrungen, Erlebnisse und Erkenntnisse unser heutiges Ich erschaffen lassen. All das durch neutrale Situationen, denen wir eine Bewertung gegeben haben; Illusionen, die wir um uns gelegt haben und von denen wir irgendwann dachten, dass wir diese seien. Weil wir glaubten, wir müssten uns verändern, besser werden, dabei waren wir schon immer perfekt. Wir sind bereits als vollkommene Wesen auf die Welt gekommen.

Alles, was wir erfahren, könnte eine große Freude sein, wir könnten jeden Augenblick genießen in dem Wissen, dass wir gut sind, so, wie wir sind. In dem Wissen, dass wir in jeder Sekunde vertrauen können, denn alles in unserem Leben passiert *für* uns, in dem Wissen, dass wir zu jeder Zeit am richtigen Ort sind, dass wir einfach *sein* dürfen und immer geliebt sind.

Schließe einmal die Augen und sieh dich, als du noch ein Kind warst. Wie wäre dein Leben verlaufen, wärst du mit diesen Überzeugungen groß geworden? Was hattest du damals für Träume, die du nicht ausgelebt hast, weil da eine Stimme war, die sagte: Oh, pass lieber auf, das könnte gefährlich sein, du könntest dich blamieren, das schaffst du eh nicht? Wie wäre dein Leben verlaufen, hätten deine inneren Programme in deinem Kopf Überzeugungen abgespielt wie: Wie geil, eine neue Herausforderung, endlich mal wieder ein bisschen Spannung, neue Erfahrung, ich komme, egal, was passiert, ich bin immer beschützt.

Oder hättest du beim Blick in den Spiegel gedacht: Ich liebe meine Haare, mein Gesicht, ich bin so dankbar für meine wunderschönen Hände, was für ein toller Körper, der mir ermöglicht, all das hier zu erfahren, ich liebe meinen Körper, ich kann mit ihm wunderbare Gerichte probieren, ich kann mit ihm küssen und mich mit anderen Menschen verbinden, ich kann mit ihm fliegen, und gleichzeitig aber auch tauchen, ich kann lachen, und ich kann weinen, ich kann singen, tanzen, musizieren, malen – all das ermöglicht mir mein wundervoller Körper, ich liebe ihn! Wie denkst du, wäre dein Leben verlaufen, hätte sich nie diese andere Stimme entwickelt?

Erfahrungen können wir heute nicht mehr ändern. Aber wir können heute jederzeit zurückgehen zu den Momenten, die uns verletzt haben, in denen wir die Entscheidung getroffen haben, unser Herz zu verschließen, uns zurückzuziehen. Wir haben die Möglichkeit, zu diesen Situationen zurückzugehen und sie uns noch einmal anzuschauen, heute mit unserem neuen Ich, dem Ich, das weiß, dass all diese Situationen deshalb da waren, um zu erkennen, wer wir wirklich sind und um unsere einzigartige Geschichte zu schreiben. Und wir können in Dankbarkeit zurückblicken und der Erfahrung eine neue Bewertung geben. Wir können das, denn wir schauen es uns heute mit einem Abstand an, können es von außen betrachten und wissen, warum wir uns genau diese Erfahrung gewünscht haben, wenn auch unbewusst. Wir können unserem kleinen Ich nun all die Liebe geben, die es damals gebraucht hätte, die Hoffnung und das Vertrauen, weil wir es nun sehen. Wir können unser kleines Ich in den Arm nehmen und ganz fest halten, bis wir spüren, wir waren nie allein, zu keiner Zeit, und wir werden es auch nie sein. Alles passiert *für* uns. Uns kann nie etwas passieren, wir sind beschützt. Und wir können nun die Wahl treffen, der damaligen Situation eine neue Bewertung zu geben, sie anzunehmen, zu umarmen und für das zu lieben, was sie uns gezeigt hat. Unser Leben hat uns unsere Richtung vorgegeben, und heute sind wir so weit, diese zu erkennen.

Indem wir nun unsere Einstellung zu uns und dem Leben wieder verändern, indem wir nach und nach zu uns selbst zurückkehren, haben wir die Chance, eine ganz neue Gesellschaft zu erschaffen. Wir können unsere Kinder dazu ermutigen, sich auszuleben und das zu lieben, was sie bereits sind. Wir können ihnen den Mut und das Vertrauen geben, ihren eigenen Weg zu gehen, sich auszuprobieren, zu leben und zu erleben. Und wir können ihnen in jeder Sekunde zeigen, dass wir sie bedingungslos lieben und sie immer vollkommen sind, und es auch immer sein werden. Und das können wir mit jedem anderen Menschen auch tun. Sind wir die Veränderung, die wir in anderen und in der Welt sehen wollen, geben wir anderen das, was wir uns wünschen, auch von ihnen zu bekommen, dann wird sich unsere Welt verändern. Wir können es schaffen, davon bin ich überzeugt. Wir alle können heute die Entscheidung treffen und werden morgen nicht mehr dieselbe Gesellschaft sein. Du kannst das. Das weiß ich. Ich glaube an dich. Ich liebe dich.

Wie wir jederzeit zurück zum Glück finden

Eine Antwort, die einfacher nicht sein könnte:

Ändere deinen Blickwinkel

- Auf dich (wer bist du gerade, Rolle?)
- Auf die Situation

Ändere deine Bewertung

- Von dir selbst (wer bist du gerade, Rolle?)
- Der auslösenden Situation.

Wenn wir uns nicht gut fühlen, dann hat das immer einen Grund. Dieser liegt jedoch nicht im Außen, sondern in unserem Inneren und wird uns lediglich durch unser Außen gespiegelt, sodass es für uns spürbar wird.

Immer wenn ich spüre, dass Wut aufkommt, ich mich nicht wohl in mir fühle, ich traurig bin oder mich gerade nicht leiden kann, dann stelle ich mir bestimmte Fragen, mit denen ich erkenne, was gerade Auslöser war, um diesen liebevoll annehmen und transformieren zu können.

Durch das Erkennen und die Annahme erhöht sich augenblicklich unsere Schwingung, wir können uns wieder als das sehen, was wir sind und sein möchten, und uns wieder erfüllt und zufrieden fühlen.

Zwischen dem Zustand der Unzufriedenheit und dem des Glücks und der Dankbarkeit liegen dann manchmal nur wenige Sekunden, bis hin zu einigen Minuten.

Der erste Schritt ist also, den eigenen Zustand zu erkennen. Zu sehen, dass es uns gerade nicht gut geht, wir gereizt sind, und dieses Gefühl im selben Moment nicht aufs Außen zu beziehen, sondern die Verantwortung zu übernehmen und anzuerkennen, dass wir selbst diese Gefühle in uns erschaffen haben und sie uns nun einen Winkel in uns zeigen, in dem wir noch nicht, oder zumindest in diesem Moment, erfüllt sind.

Ich frage mich dann: „Was sagt mir diese Situation? Was hat diese Gefühle in mir ausgelöst? Wie kann ich es bewerten oder transformieren, sodass es mich demnächst stärkt?"

Wir können entweder die Perspektive ändern, aus der wir die Situation betrachtet haben, oder unsere Bewertung. Meistens ist es ein Zusammenspiel beider Wege.

Vor wenigen Tagen lag ich auf dem Sofa. Ich hatte diese innere Spannung in mir, schon den gesamten Tag, und konnte mich selbst nicht leiden. Nun lag ich dort, vollgegessen, aufgeblasen, müde und platt und hatte keine Lust, auch nur noch irgendetwas zu machen. So ein „Alles-ist-Mist-Tag", kein Bock auf gar nix. Und ja, auch bei mir gibt es natürlich solche Tage.

Nun ja, aber mittlerweile weiß ich, dass diese Tage nicht einfach so angeflogen kommen, sondern ich diesen Zustand selbst erschaffen habe. Also stellte ich mir meine Fragen, mit deren Hilfe ich mich mittlerweile bewusst sofort aus solchen Zuständen herausholen, wenn ich es möchte, und wieder mein wahres Bewusstsein annehmen kann.

Schnell wurde mir klar, ich fühlte mich faul. Faulheit hatte ich mit der Bewertung „schlecht“ besetzt, verbunden mit der Überzeugung: Wenn ich faul bin, dann werde ich dick.

Bei mir resultierte diese Überzeugung aus einer Zeit, in der ich sehr viele Monate damit verbracht hatte, im Bett zu liegen, fernzusehen und nebenbei zu essen. Ich habe mein Leben damals nicht genossen, nahm stark zu und hatte das Gefühl, faul und unbedeutend zu sein – kurz gesagt: ein schlechter Mensch.

So ist es also verständlich, dass ich seitdem diesen Seins-Zustand, mit dem ich mich selbst nicht identifizieren wollte, mit „Ruhe“ verband.

Da also schnell klar war, weshalb ich mich so fühlte, überlegte ich, als wen oder was ich mich gerade sah. Wie nahm ich mich selbst gerade wahr? Welche Rolle hatte ich mir unbewusst gegeben, die ich nun lebte?

Sobald ich mir also die eigentlich wohl verdiente Ruhe und Pause gönnte, fühlte ich mich unwohl, da ich den Zustand der Pause mit Faulheit verbunden und als negativ abgelegt hatte.

Als ich diesen Zusammenhang erkannte, meine Bewertung änderte und mich wieder mit dem Bewusstsein identifizierte, das ich eigentlich bin, und erkannte, dass Ruhe nichts mit Faulheit zu tun hat, sondern ein wichtiges Mittel ist, um volle Leistung erbringen zu können, konnte ich loslassen und ab diesem Zeitpunkt jede Pause voll und ganz ausschöpfen und genießen.

Solange wir diese Überzeugungen in Bezug auf unser Verhalten nicht erkennen, passiert es schnell, dass wir gegenteilig handeln, um uns gut zu fühlen. In meinem Fall würde die innere Überzeugung unentdeckt zu übermäßigem Arbeiten führen, da ich mich nur in diesem Zustand wertvoll und in Ruhephasen schlecht fühlen würde.

Dabei müssen wir gar nicht überlegen, denn genau diese Pausen sind essenziell, um wieder neue Energie zu schöpfen. So sollten wir uns regelmäßig Auszeiten nehmen, um uns zu erholen, für uns da zu sein und uns etwas Gutes zu tun.

Bewerten wir aber genau das als schlecht, ändern wir also unsere Bewertung nicht, sondern fühlen uns schlecht bei Dingen, die uns eigentlich guttun sollten, dann entzieht uns dieser Zustand unsere letzten wertvollen Ressourcen.

Demnach ist es sehr wichtig, dass wir unsere Gefühlswelt beobachten und uns regelmäßig fragen, wozu wir gerade wirklich Lust haben, und was für uns in diesem Moment am besten wäre. Sollte diese Antwort dann lauten: Es würde mir gerade am besten gehen, könnte ich mir eine Pause gönnen und nichts tun, es sich für dich aber nicht richtig anfühlt, da dir so viele unerledigte Dinge durch den Kopf gehen, dann gib der Situation eine neue Bewertung. Sage dir: Das Beste, was ich gerade machen kann, ist nichts zu tun! Ich darf mich entspannen und meine Energiereserven auffüllen. Danach werde ich wieder klar und frisch sein, um voller Energie noch weitaus schneller und besser voranzukommen.

Sogleich fühlst du dich nicht mehr schlecht, sondern darfst genießen, was du verdienst.

Dabei änderst du auch gleichzeitig die Bewertung, die du dir selbst gibst, also die Rolle, die du spielst. Frage dich mal in solch einer Situation, mit wem oder was du dich gerade identifizierst? Bist du gerade wirklich in deinem Higher-Self? Und wie würdest du über dich denken, wärst du es?

Dankbarkeit für alles, was du bist und bereits in deinem Leben hast, ist ebenso eine wunderbare Möglichkeit, um dir wieder klar zu machen, wer du wirklich bist. Was spricht alles dafür, dass du diese Person bist, deine höchste Version von dir selbst?

Du siehst, auch hier wende ich ausschließlich positive Fragestellungen an, mithilfe derer du deinem Ziel näherkommst, dich von der Vergangenheit und dem Lower-Self entfernst, und wieder nach und nach aufwachst, aufblühst und die Person spürst, die du in Wahrheit bist.

Erkenne und sieh, was gerade ist, nimm es an, wenn es dir guttut, und gib ihm eine neue Bewertung, betrachte es aus einer anderen Perspektive, frage dich, ob du gerade eine Rolle spielst, oder ob du aus deinem höchsten Bewusstsein denkst, fühlst und handelst, und sollte das nicht so sein, dann triff die Wahl, zu deinem ursprünglichen Zustand zurückzukehren. Und du bist frei!

Hier noch einmal meine vier Schritte, um mich augenblicklich gut zu fühlen:

Ändere deinen Blickwinkel

- Auf dich (wer bist du gerade, Rolle?)
- Auf die Situation

Ändere deine Bewertung

- Von dir selbst (wer bist du gerade, Rolle?)
- Der auslösenden Situation.

***

Regel oder Gesetz? Die Befreiung

Vielleicht wunderst du dich: Erst erzähle ich, wir sollten an uns arbeiten, uns hinterfragen, unsere Gefühle bewusst erzeugen, uns kontrollieren, uns formen – zu der Person, die wir sein wollen. Und dann sage ich auf einmal: Lass los, gib dich dem Fluss des Lebens hin, du bist gut so, wie du bist und bist es immer gewesen. Ein Widerspruch?

Nun, wir waren doch nicht zufrieden, wie können wir dann gut gewesen sein? Wir sind doch jetzt glücklicher, wo wir so viel erkannt und verstanden haben, warum also sollten wir dann auf einmal damit aufhören? Und warum widerspreche ich mir selbst?

Eine sehr gute und wichtige Frage!

Ich muss mir widersprechen, denn sonst könnte man meinen, das, was ich sage, sei *die* Wahrheit.

Wir suchen Vorbilder, wir suchen Überzeugungen, Muster, an die wir glauben. Dinge, an denen wir uns festhalten, uns entlanghangeln und nach denen wir unser Leben ausrichten können. Aber es sind die Illusionen, die wir uns machen, um uns selbst zu erschaffen und zu erfahren. Bisher hat es vielleicht den Anschein gehabt, als wären genau diese falsch. Als müssten wir alle Blockaden und Begrenzungen auflösen, uns ständig selbst optimieren, in der Hoffnung, irgendwann gut genug zu sein, um glücklich zu sein, gut genug für die Erleuchtung. Und auf einmal behaupte ich, wir seien gut so, wie wir sind, wir müssten gar nichts tun, um es wert zu sein, uns erfüllt, leicht, frei und glücklich zu fühlen.

Alles, was ich hier schreibe, entsteht nicht durch Zufall, sondern hat einen höheren Sinn, und in den möchte ich dich gerne einweihen. Vielleicht qualmt dir inzwischen bereits der Kopf, und anstatt dich besser zu fühlen, hast du nun womöglich das Gefühl, dass diese ganze Arbeit der Auflösung eine lebensfüllende Aufgabe ist, und das Ende noch längst nicht in Sicht. Und wenn es dir so geht, dann ist das wunderbar!

Auch ich stand nämlich vor wenigen Monaten an dem Punkt, an dem ich alles hinterfragte, an dem ich in einem ständigen Selbstoptimierungsprozess war und mir irgendwann die Frage stellte: Werde ich jemals vollständig sein? Werde ich mich jemals gut fühlen und frei von meinen Blockaden sein?

Und genau das war der Moment, an dem alle meine Fassaden zusammenfielen.

Mittlerweile liebe ich diese Momente, in denen ich unzufrieden bin und wieder beginne zu hinterfragen, denn es sind die Momente, in denen die größte Chance zur Transformation und zum Wachstum steckt. Es sind die Momente, in denen ich mir all der neuen Begrenzungen bewusst werde, die ich mir im Laufe der letzten Wochen nach und nach unbewusst gesetzt habe und die mich (scheinbar) immer mehr von meinem Weg abgebracht haben. Scheinbar deshalb, weil nichts aus Zufall geschieht.

Wie du weißt, sind auch diese Geschehnisse *für* uns, denn wenn wir sie erkennen und dahinter schauen, dann werden wir unserem wahren Ziel ein großes Stück näherkommen. Auf die Momente, in denen der Kopf voll ist, wir nachts nicht einschlafen können, auf Zeiten des reinen Reagierens anstatt Agierens – auf all das folgt mit der Erkenntnis dessen, was uns dahin geführt hat, eine Phase voller Klarheit. Wenn du alles wegnimmst, was du bisher glaubtest zu sein oder tun zu müssen, wenn all das wegbricht, was du über dich selbst als Schleier gelegt hast, wenn all das fällt, dann kannst du sehen, was in Wahrheit bleibt, wenn nichts mehr ist. Das bist du!

Wir sind wie ein Heißluftballon. Mit der Zeit sammeln wir immer mehr kleine Pakete ein, andere hängen sie uns an den Korb, oder wir nehmen sie ihnen freiwillig ab. So kommt es, dass wir immer tiefer fliegen, bis wir irgendwann zu Boden gezwungen werden, sollten wir die Päckchen nicht zwischendurch immer mal ansehen und abgeben, sie loslassen. Aber das kennen wir wohl alle. Solange wir fliegen, wollen wir uns damit nicht belasten, aus Angst, sie könnten uns hinunterziehen. Dabei ist genau das Gegenteil der Fall. So sammeln wir sie nur an, bis wir irgendwann keine Wahl mehr haben und ihnen Beachtung schenken müssen. Und genau das ist großartig! Denn wenn wir dort sind, wenn wir sehen, was sich mit der Zeit angestaut hat, und uns einmal komplett von allem befreien, dann fliegen wir danach höher als jemals zuvor und sehen weiter und klarer als je zuvor.

Über den Wolken ist es immer hell. Über den Wolken sind wir nicht dem Wetter und äußeren Faktoren ausgesetzt. Je höher wir fliegen, desto weniger können uns äußere Faktoren schwächen und belasten, denn dort oben gibt es sie nicht. Dort können wir mit einem großen Abstand auf alles schauen und es von außen betrachten, wir sind nicht mehr Teil davon, wir leben nicht mehr mitten drin, nicht mehr in dem Drama, sondern sehen von außen, was wirklich dahintersteckt.

Aber auf Dauer wird es langweilig sein, dort oben zu bleiben, dort, wo es immer hell ist, immer schön, wo keine Probleme herrschen, denn dann verpassen wir das Leben, wofür wir eigentlich da sind. Wir verpassen die schöne Natur, die vielen tollen Menschen, all die Erfahrungen und Erlebnisse, die unten auf uns warten.

Und genau deshalb ist es ein großes Geschenk, dass wir die Möglichkeit haben zu wählen, was wir erleben wollen. Wir können bewusst auf- und absteigen. Wollen wir fliegen, dann können wir die Entscheidung treffen, hinter die Illusion zu schauen und nicht weiter in ihr zu leben. Wir können alles loslassen, was uns bisher beschäftigt und unten hält, indem wir das Bewusstsein wechseln, mit dem wir uns identifizieren. Wir können den Aufstieg genießen und sehen, wie Bäume, Berge, Seen an uns vorbeiziehen, können uns oben auftanken, in Licht und Freiheit baden, das Große Ganze wahrnehmen. Und wenn es irgendwann zu langweilig wird, dann können wir bewusst den Fokus wieder auf die Kleinigkeiten lenken, die auf einer anderen Ebene liegen, uns diese Päckchen bewusst anhängen, um uns wieder auf eine neue Art und Weise zu erfahren und kennenzulernen und neue Erkenntnisse zu erlangen. Und wenn wir genug gesammelt haben, dann kehren wir mit einem gefüllten Koffer an Lebenserfahrung und Weisheit wieder nach oben zurück.

Wenn wir also unsere Persönlichkeit entfalten möchten, versuchen wir, alle Pakete zu finden, in der Hoffnung, dadurch langsam aufzusteigen und somit irgendwann eine neue Stufe zu erreichen. Stehen wir aber im Wald zwischen all den Bäumen, dann können wir das Ende nicht erkennen. Erst mit dem Blick von oben finden wir den Weg, der uns hinausführt.

Solange wir also in unserer Illusion bleiben, sie nicht von außen betrachten, sondern in ihr leben, sind wir blind für die Lösung. Wir können zwar vereinzelt Dinge sehen, die direkt vor uns stehen, sammeln dabei aber, ohne es zu bemerken, ständig neue Pakete ein, denn das ist die Stufe der Erfahrung, nicht die der Erkenntnis. Die Lösung und die Erkenntnis liegen immer eine Ebene darüber. Nur wenn wir unsere Ebene wechseln, können wir die Auslöser, Gründe und Muster erkennen, und uns dann automatisch von all den Begrenzungen der letzten Stufe ablösen.

Genauso verhält es sich mit unserer Schwingung. Wie wir inzwischen wissen, existieren unterschiedliche Ebenen, und mit jeder Schwingungserhöhung erreichen wir eine neue Ebene. Alles, was wir im Bereich unserer alten Schwingung aber erfahren und erlebt haben, das bleibt auf dieser Ebene. Sind wir jedoch aufgestiegen, blicken wir aus einer neuen Perspektive auf die Illusion, in der wir uns zuvor befunden haben, die nun außerhalb von uns liegt.

Solange wir auf einer Stufe bleiben, haben wir keine Chance, die Illusion zu erkennen, denn Sinn dieser Stufe ist es, Erfahrungen und Erkenntnisse zu sammeln. Spüren wir dann eines Tages, dass es Zeit ist, aus dieser Illusion auszusteigen, dann müssen wir die Stufe wechseln.

Und diese Entscheidung können wir bewusst treffen, ohne all die Hindernisse erkennen zu müssen, die sich dort befinden. Sobald wir die Ebene wechseln, liegt das gesamte Bild vor uns, ohne dass wir noch daran beteiligt sind.

Das bedeutet: Wir haben jederzeit die Wahl, in welchem Bewusstsein wir leben und uns erfahren wollen, und wenn wir uns dessen jederzeit bewusst sind und diese Erfahrung einmal gemacht haben, dann kann es uns keine Angst mehr machen, gegebenenfalls auch wieder eine Ebene tiefer zu gehen, denn wir erkennen das Geschenk, das diese Stufe für uns bereithält und das auf anderen Stufen nicht existiert.

Jede Stufe besitzt ihre einzigartigen Vor- und Nachteile. Je bewusster wir uns dessen sind und je bewusster wir sie wahrnehmen, desto bewusster, entspannter und glücklicher können wir jede einzelne Stufe erleben. Seien wir also achtsam, dann können wir jederzeit die Stufe der Erfahrung wählen, die wir gerade brauchen und auf der wir uns am wohlsten fühlen.

Ich liebe die Ruhe und die Weitsicht, die ich gewinne, wenn ich mein Bewusstsein anhebe. Und dennoch: Auf Dauer wären mir diese Ruhe und Weitsicht viel zu langweilig, also wähle ich manchmal bewusst, in eine der Illusionen hineinzuschauen und mir eine kleine Portion Drama abzuholen. So kann ich während jeder Herausforderung entspannt bleiben, da ich weiß, dass sie nicht wirklich existiert, sondern eine Illusion dieser Ebene ist und mir die Möglichkeit bietet, mich neu zu erfahren. Auf diese Weise mache ich Probleme zu meinen besten Freunden und kann daraus das maximale Wachstum schöpfen.

Genieße den Weg. Überlege dir nicht, wie du aus dem momentanen Zustand herauskommen kannst oder was noch zu verbessern ist. Frage dich doch einfach mal, was gerade an dieser Situation wertvoll ist. Warum sie wundervoll und einzigartig ist, und welches Geschenk, welche wertvolle Erkenntnis, sie womöglich für dich birgt.

Erst wenn wir den höchsten Zustand unseres Seins erfahren, können wir erkennen, dass kein Ziel existiert. Es gibt kein Ziel, es gibt nur einen Weg. Wenn du die Vollendung erfährst, die Reinheit des göttlichen Bewusstseins, dann siehst du deinen Weg ganz anders. Es ist ein ständiger Prozess, und darin liegt das Wunder.

In der Vollendung existiert kein Wachstum mehr, es ist Stillstand. Und wir alle haben Wachstum und Erfahrung bewusst gewählt, als wir die Entscheidung trafen, hierherzukommen, hier auf die Erde. Wir alle haben erkannt, und so langsam beginnen wir uns wieder zu erinnern. Wir alle besitzen dieses Wissen, und je mehr Menschen die Möglichkeit bekommen, sich daran zu erinnern, desto friedlicher und liebevoller wird auch unser Miteinander sein.

Denn wir haben jederzeit die freie Wahl und tragen die Verantwortung für unser eigenes Leben. Wir haben die Wahl, was wir erfahren wollen, und wir haben die Wahl, was wir erschaffen möchten. In Wahrheit kann uns nichts und niemand zu etwas zwingen oder uns klein halten, außer wir selbst.

Wir brauchen als Erfahrung also meistens den gesamten Prozess der Selbstoptimierung, um am Ende zu erkennen, dass es da gar nichts gibt und niemals etwas gab, was hätte optimiert werden müssen: Wir waren bereits perfekt. Wir haben nur eine Art Schleier über uns gelegt, den Schleier der Illusion, haben sie angenommen und als unsere Wahrheit gelebt. Trotz allem war genau das richtig und wundervoll, denn es war ein Teil des Ganzen, der uns die Chance gegeben hat, zu erkennen, wer wir *nicht* sind. Wir müssen erst alle Illusionen kennenlernen und durchleben, um am Ende die Wahrheit zu finden. Wir müssen erfahren, was alles nur bis zu einem gewissen Punkt funktioniert und sich am Ende doch als unwirksam herausstellt, um zu erkennen, was wirklich zählt und wirklich existiert.

Du kennst bestimmt den Spruch: Ausnahmen bestätigen die Regel, ansonsten ist es ein Gesetz.

Wenn ich die Realität verändern möchte, dann muss ich meine Überzeugungen dessen ändern, was die Realität ist, und sie wird sich verändern.

Unsere Überzeugungen steuern unser Denken, und die Gedanken erzeugen Gefühle, und dieses Zusammenspiel bildet die Grundlage für unser Handeln. Durch unser Handeln erzeugen wir sichtbare Resultate, die uns unsere inneren Überzeugungen bestätigen. Die Frage: Wer war zuerst da, das Ei oder die Henne, wäre also geklärt. Unsere Realität ist nicht das, was unsere innere Welt erschafft, sondern unsere innere Welt ist es, die sich im Außen spiegelt, manifestiert und unsere innere Welt zum Ausdruck bringt.

Da gibt es gewisse Kernüberzeugungen, die wir bereits seit Generationen weiterreichen, ohne sie zu hinterfragen, und somit unsere Realität erschaffen. Spüre einmal in dich hinein, was sich womöglich richtig für dich anfühlt.

„Wenn du im Leben etwas erreichen möchtest, dann musst du hart dafür arbeiten." „Je schwieriger der Weg zum Ziel, desto höher ist der Wert des Ergebnisses."

Denkst du, das ist wahr? Dann wird es für dich genauso sein. Glaubst du aber felsenfest: Wachstum ist einfach, du bist grenzenlos, du bist frei, dann wird sich dieses auch in deiner Realität als wahr erweisen.

Im Laufe meiner Entwicklung erreichte ich immer wieder Momente, in denen ich dachte, ich wüsste nun, wie das Leben funktioniert. Ich dachte, ich hätte *die* Wahrheit gefunden. Erst nach einiger Zeit war dann meist eine Grenze erreicht, wo ich erkannte: Da gibt es ja noch so viel mehr! Also öffnete ich mich wieder, merkte, dass auch dieser Zustand, diese Wahrheit, wieder eine Illusion war, stieg auf und erreichte die nächste Stufe der Erfahrungen und Erkenntnisse.

Dort konnte ich sehen, wie begrenzt meine Vorstellungen gewesen waren – in der Annahme: Nun habe ich aber die wirkliche Wahrheit entdeckt. Bis ich auch dort an die Grenzen stieß. So kletterte ich Stufe für Stufe hinauf, bis schließlich der „Groschen fiel“: Das, was ich bisher weiß und sehe, das ist ja erst der Anfang. Und ich erkannte: Ich weiß gar nichts, und ich selbst kann wählen, welche Realität ich annehmen und glauben möchte. Ich sah, dass *die* eine Wahrheit nicht existiert, dass all das Illusionen sind und es nicht um Richtig oder Falsch geht. Dass Bewertungen einer neutralen Situation für jeden Menschen anders aussehen, gemessen an der Illusion, die er oder sie leben oder anstreben möchte.

Nun, mit diesem Buch habe ich dich von einer in die nächste Illusion geführt, wie auch ich sie erlebt habe, damit auch du die Chance bekommst, dich zu erkennen und das Spiel zu durchschauen. Ich habe bewusst jede Stufe der Entwicklung unseres Bewusstseins aufgegriffen, um jeden von euch, der diese Zeilen liest, dort abzuholen, wo er sich gerade befindet. All das sollte deinem Erkennen dienen. Und dazu muss ich jetzt noch einmal den Satz aufgreifen:

Ich muss mir widersprechen, sonst könnte man meinen, das, was ich sage, sei *die* Wahrheit.

Verstehst du nun, was ich damit meine?

Auf jeder neuen Ebene erkennst du, dass das, was du für

die Wahrheit gehalten hast, nur eine Illusion gewesen ist. Und so ist es auch hier. Jedes Kapitel ist so lange für uns wahr, so lange wir glauben, dass es das sei. Nun widerspreche ich mir absichtlich und führe dich in neue Erkenntnisse hinein, die dir eine neue Realität aufzeigen, damit du erkennst, dass das Absolute und Endgültige nicht existiert. Damit du dich öffnest dafür, dass auch das, was du gerade erfährst, nur eine Ebene auf deinem Weg ist, aber nicht das Ende. Damit du dir die Möglichkeit eröffnest, es könnten noch Welten vor dir liegen, von denen du noch nicht einmal etwas ahnst. Damit du deinen jetzigen Standpunkt selbst nicht so ernst nimmst, sondern immer wieder hinterfragst und von außen betrachtest, und mit Freude und Dankbarkeit all die Erfahrungen mitnimmst, die du auf dieser Stufe erleben darfst.

Und wenn du das erreichst, wenn du das wirklich in der Tiefe verstehst und in dein Bewusstsein integrierst, dann kann dich nichts mehr aufhalten. Denn das ist die wahre Freiheit, mit der wir unser Leben hier auf der Erde in vollen Zügen erleben und genießen können. Das ist das „Erwachen“, das ist Leben!

Und um genau das in allen Dimensionen zu spüren und zu verstehen, möchte ich dich nun mit auf die Reise nehmen, die gerade erst begonnen hat. Denn nun sind wir bereit für das, was über all dem liegt, was wir in der Entwicklung unserer Persönlichkeit lernen. Nun sind wir bereit, in die nächsten Dimensionen unseres Bewusstseins einzusteigen und neuen Raum zu schaffen.

***

Unser Leben – eine Illusion?

Stell dir einmal vor, es wäre wahr, dass Zeit und Raum nicht existieren, dass alles gleichzeitig passiert, und das in jedem Moment; dass Vergangenheit, Gegenwart und Zukunft eins sind. Kann es dann sein, dass du dich als *ich* erlebst, nur in einer anderen Zeit? Dass ich du bin in einem anderen Leben, wir gleichzeitig existieren und uns gegenseitige Erfahrungen ermöglichen? Und das fortgeführt auf alle Lebewesen, das gesamte Universum? Dass es nur einen einzigen Ursprung gibt, der alles ist, und sich gleichzeitig als unterschiedlicher Ausdruck des Lebens erfährt? Wie viel Wahrheit steckt in unserem Erleben? Was ist eine Illusion?

Das Universum steckt in jedem von uns. Jede einzelne Zelle erfährt sich als ein eigenständiges Leben. Weiß die Zelle, dass sie ein Körper ist? Dass sie ohne all die anderen nicht lebensfähig ist, und gleichzeitig mit ihrem Sein Leben erschafft und ermöglicht? Vielleicht sind wir eben genau das in Bezug auf das Universum, was jede einzelne Zelle für uns ist. In jeder Zelle sind alle Informationen gespeichert, die uns ausmachen, die wir sind. Jede Zelle sind wir. Und so sind auch wir das Universum.

Wenn wir etwas von uns abtrennen oder uns von etwas, dann haben wir die Möglichkeit, es uns von außen anzuschauen und zu erkennen, was es ist. Und wer wir sind.

Das ist die Illusion. Ein Heraustreten aus der Wahrheit all dessen, was existiert, und das Erschaffen einer Illusion, eines Raums, in dem es nicht zu existieren scheint.

Wenn wir beginnen zu glauben, uns würde etwas im Außen fehlen, um glücklich zu sein, dann erschaffen wir die Illusion des Mangels.

Würden wir fortwährend und immer in dem Wissen leben, dass alles bereits da ist, dass wir nichts mehr benötigen, sondern alles haben, hätten wir niemals einen anderen Zustand erfahren, dann könnten wir die Fülle an sich nicht erkennen, denn wir wüssten nicht, was existiert. Wir wären eins mit der Fülle und könnten nicht wissen, ob wir vollständig sind. Erschaffen wir aber einen anderen Zustand, diese Illusion, den Kontext, in dem wir uns von der Fülle abtrennen und Dinge erschaffen, die wir noch nicht besitzen, und glauben, dass wir sie bräuchten, um uns noch erfüllter zu fühlen, dann treten wir aus der Fülle hinaus in den Mangel und die Illusion, wir könnten unvollständig sein.

Solange wir diese Illusion bewusst nutzen, um uns zu erfahren, und sie bewusst erschaffen, kann genau das zu einem wundervollen, erfüllenden Erlebnis werden.

Nehmen wir die Illusion aber als Wahrheit an, dann werden wir zum Gefangenen unserer eigenen, selbst erschaffenen Welt. Denn nur wenn wir diese Worte verstehen und sie spüren, wenn wir unsere Illusionen als solche erkennen und durchschauen, können wir von ihnen lernen und sie als Teil des Prozesses unserer Selbsterkenntnis ansehen.

Mangel, Angst, Trennung, Ärger, Wut, Verzweiflung – all das sind unsere Illusionen, die wir selbst erschaffen, um uns zu erfahren, sie sind ein Teil des Prozesses.

Nun leben wir jedoch bereits Jahrhunderte lang in diesen Illusionen, in dem Glauben, sie seien Realität, und so sind sie für die meisten Menschen zur Realität geworden. Unsere gesamte Gesellschaft, unsere Systeme und Industrien, sie alle bauen auf diesen Illusionen auf und machen sie sich zunutze.

Es gibt Dinge im Leben, die können und müssen wir erfahren, um sie zu verstehen und zu spüren, und dann gibt es andere, für die müssen wir uns bewusst entscheiden, um sie zu erleben. Glück und Liebe sind Entscheidungen, die in Erfahrungen resultieren. Sie entstehen aus uns heraus, nicht in uns hinein. Wir können diese Entscheidungen treffen, ohne etwas im Außen zu besitzen, von dem wir meinen, es zu brauchen. Wir können jetzt die Entscheidung treffen, das Glück und die Fülle in unserem Leben zu sehen, sie in uns zu sehen, und werden sie spüren, ohne dabei um uns herum etwas verändert zu haben. Und aus diesem Zustand heraus werden wir dann als Ergebnis unserer Entscheidung Erfahrungen des Glücks machen.

Illusionen erkennt man daran, dass sie sich augenblicklich ändern, sobald wir eine neue Entscheidung treffen. Und wenn wir das erkennen, sehen wir auf einmal, dass nichts existiert, außer wir erschaffen es. Und dass wir auch jederzeit wählen können, ob wir in der Illusion bleiben, oder eine neue wählen wollen.

Eine der größten Illusionen ist die, sterben zu müssen, resultierend daraus, dass wir uns mit unserem Körper identifizieren. Und sie führt uns in eine der größten Ängste. Wir versuchen also, uns unser Leben lang, während der Zeit unserer Inkarnation, am Leben zu halten. Wir verbinden Krankheit und Schmerz mit der Möglichkeit zu sterben. Also kaufen wir Produkte, die uns versprechen, uns die Schmerzen zu nehmen und uns so länger leben zu lassen. Schmerzen sind aber die Auswirkung angestauter Energie. Energie, also Gefühle, die wir nicht ausgelebt, sondern unterdrückt, weggeschoben oder festgehalten haben. Diese Energien bleiben in unserem Energiefeld hängen und machen auf sich aufmerksam. Beachten wir sie lange Zeit nicht, dann manifestieren sie sich nach und nach in unserem Energiefeld und werden als Krankheit oder Schmerz sichtbar. Nehmen wir dann Medikamente, um die Symptome nicht mehr zu spüren, tun wir genau das, was wir bisher mit unseren Gefühlen gemacht haben: Wir unterdrücken die Stimme, die uns etwas sagen möchte. Anstatt die Krankheit zu heilen und den Tod nach hinten zu schieben, laden wir ihn mit unserem unbewussten Handeln geradezu ein.

Du siehst, wie hier eine Illusion die andere erschafft und wie sie sich gegenseitig füttern. Die Industrie hat genau das erkannt und sticht in unsere Wunden. Sie nutzt die Illusionen, die wir zu unserer Realität haben werden lassen, um uns Produkte zu verkaufen, die uns in unseren Ängsten und Denkweisen noch bestätigen. Damit erschaffen sie Abhängigkeit, spielen mit unseren Gefühlen und geben uns Versprechen, unsere Ängste = unseren Mangel zu heilen.

Solange wir jedoch in dieser Abhängigkeit bleiben, verstärken wir unsere eigene Illusion und lassen sie wachsen, füttern sie mit jedem Gedanken und jeder Handlung, die sie eindämmen sollen. Erst wenn wir heraustreten und sehen, dass all das nicht existiert, erst dann haben wir die Möglichkeit, unsere eigene Freiheit zu erkennen und zu spüren und frei und erfüllt in eigenem Frieden zu leben. Ja, ich weiß, wie schwierig das alles ist, weil unser gesamtes System eine reine Illusion ist.

Nun wirst du auch die Dimension meiner Worte zu Beginn des Buches verstehen.

Wenn wir etwas von uns abtrennen, dann haben wir die Möglichkeit, es uns aus der Ferne, von außen, anzuschauen und zu erkennen, was es ist. Und wer wir sind.

Das ist die Illusion: Ein Heraustreten aus der Wahrheit all dessen, was existiert, und ein Erschaffen einer Illusion, eines Raums, in dem es nicht zu existieren scheint.

Unsere Aufgabe ist es nun, die Illusionen unseres Lebens und die unserer Gesellschaft als solche zu erkennen, um sie dann von außen zu betrachten und wieder zurück zur Einheit mit der Wahrheit zu finden – dessen, was in Wirklichkeit existiert.

Wir haben den Sinn der Illusionen über Jahrtausende verändert und sie zu unserer Wahrheit werden lassen. Erst wenn wir das erkennen, sind wir wahrhaft frei.

Meine Erfahrungen sind: Ja, genau das ist möglich!

Auch wenn es anfangs gar nicht so leicht ist, all das zu begreifen, denn wir sind nicht nur von diesen Illusionen umgeben. Nein, unser gesamtes Leben, unser scheinbares Sein, baut darauf auf. Unsere Eltern, die in dieser Illusion leben, geben sie uns als Wahrheit mit auf den Weg. Wir lernen nur die Illusionen kennen, und so werden sie zu unserer Realität. Etwas anderes lernen wir gar nicht kennen. Und haben somit keine Chance zu wählen.

Genauso, wie man Alles-was-ist als solches nicht erfahren kann, wenn man nichts anderes kennt. Wenn wir nicht beide Seiten kennen, können wir also auch die Illusionen als solche nicht erkennen. Eine echte Falle.

Aber je mehr Menschen genau das durchschauen und zurück zu ihrer Wahrheit finden, desto mehr werden sie durch ihr Sein an ihre eigene Wahrheit erinnert. Und genau deshalb glaube ich daran, dass wir es schaffen können, unsere gesamte Welt zu verändern und Frieden zu finden.

Wir alle sind auf der Suche nach uns. Wir spüren, dass wir das nicht sind, was wir glauben zu sein und was man uns glauben machen will, wissen aber nicht, was wir sind, da wir nichts als die Illusionen kennen. Je mehr Menschen erwachen, desto weniger werden die äußeren Illusionen bestehen können. Wir werden sie nicht mehr brauchen, denn wir wissen, wer wir in Wahrheit sind und was wirklich existiert.

Sind wir diese Wahrheit, können keine Krankheiten mehr bestehen, kein Krieg, kein Hunger, kein Leid, denn sie sollen es uns nur ermöglichen, uns zu erfahren, wer wir wirklich sind. Sobald wir das Geschenk und die Illusion dahinter erkennen, lösen wir sie auf.

Wir alle haben die Macht, uns selbst zu heilen. Wir alle leben unendlich. Nur wechseln wir die Form, und auch das ist ein Geschenk, da wir dadurch die Möglichkeit bekommen, alle Zustände des Seins kennenzulernen, Erfahrungen unterschiedlicher Geschlechter, Persönlichkeiten und Identitäten zu machen. Es ist ein Geschenk und nichts, was wir fürchten müssten. Es geht weiter, es gibt kein Ende. Krankheit existiert nicht, Schmerz nicht, Angst nicht, Trennung nicht. Wir *sind*!

Und das ist alles, was zählt. Wir dürfen diese Zustände erleben, als Teil der Erfahrung dessen, was wir sind. Sie gehören zu uns, aber wir sind sie nicht.

Ich kann Illusionen als solche nicht mehr ernst nehmen, aber ich trenne mich manchmal bewusst von meinem Einheitsbewusstsein ab und fühle in eine dieser Illusionen hinein, um dann die Ekstase meiner eigenen Wiederfindung zu erleben. Und genau das ist ein unbeschreibliches, wundervolles Gefühl. Es ist der Moment, in dem diese Illusion mit mir verschmilzt und ich keine Angst mehr vor ihr habe, denn ich weiß, dass diese Illusionen mir dienen und *für* mich sind. Sie verlieren ihre Macht. Ich bin der Schöpfer meiner eigenen Realität und steuere sie, nicht sie mich.

Sobald du beginnst, nicht mehr alles zu glauben, was du denkst, wirst du den Weg zur Freiheit finden.

Genau das ist die Essenz dessen, was ich mit dem Titel des Buches ausdrücken möchte. In Erleuchtung zu leben, in unserem vollkommenen Bewusstsein des Selbst, das sollte nicht unser Ziel sein, weil wir irgendwann nicht mehr wissen würden, wer wir in Wahrheit sind.

Unser Ziel auf der Welt sollte sein, Illusionen als solche zu erkennen und sie uns bewusst zu erschaffen, und zwar genau die, die wir gerade brauchen, um uns als WIR zu erfahren und uns unser Leben zu erschaffen, so, wie wir es erleben möchten. Das Leben kann so einfach sein, und ich kann dir versprechen, wenn du genau das schaffst, dann wird auch dein Leben zu einer reinen Freude, ohne Angst, mit einem tiefen Vertrauen, in Liebe zu dir und der Vollkommenheit des Lebens, denn du bist in jeder Sekunde der Schöpfer und entscheidest über deine Erfahrungen, die du in deinem Sein machen möchtest.

Ich liebe mein Leben!

Und das ist der Satz, den jeder aus tiefstem Herzen sagen kann, der diese Worte wahrhaft spürt und in der Tiefe begreift.

Eine unserer Illusionen ist unsere Sprache, beziehungsweise das, was wir damit verbinden und von dem wir glauben, es würde existieren, wofür wir Worte hätten, und mehr gäbe es nicht.

Nach der Erfahrung der Erleuchtung stand ich vor einer großen Herausforderung, denn ich sah, verstand, spürte und erfuhr Dinge, die in unserer Sprache nicht existieren, Zustände, für die wir noch keine Worte besitzen. Erst da habe ich erkannt, wie sehr uns unsere selbst erschaffene Sprache begrenzt. Sie steuert unsere Vorstellungskraft und formt unsere Träume. Sie erschafft unser Bild von der Welt, von dem, was existiert.

Um dir das verständlich zu machen, hier ein Beispiel:

Wir stellen uns ein kleines Inuit-Dorf vor. Nehmen wir an, sie haben kein Internet, noch nie etwas anderes gesehen als ihr kleines Dorf und ihre nähere Umgebung. Sie kennen keine Bücher, keine Landkarten, keinen Fernseher, und niemand der Bewohner hat jemals etwas anderes gesehen. Sie leben also in ihrer kleinen Welt, von der sie glauben, sie sei das Einzige, was existiert. Ihre Sprache umfasst vielleicht Worte mit der Bedeutung von: Eisbär, Robbe, Schnee, Schlitten, Mütze, warm und kalt. Würden wir sie nun besuchen und ihnen das Foto eines Löwen oder eines Sandstrands zeigen, würden sie diese mit ihren Worten nicht benennen können. Für sie ist das Wissen von Löwen und deren Verhalten nicht wichtig, solange sie in ihrer Realität, in ihrem bekannten Umfeld und somit in ihrer Komfortzone bleiben.

Solange wir unsere Perspektive, unseren Standpunkt, nicht wechseln, können wir jedoch unmöglich erfahren, was in Wahrheit existiert. Wir alle leben in unserer eigenen kleinen Realität, und solange wir darin bleiben, kann uns nichts passieren, denn wir kennen diese Realität und haben sie für uns definiert. Sie besteht aus dem, was wir selbst sehen, fühlen, verstehen und somit glauben.

Wir wissen, die Menschheit hat lange Zeit in dem Glauben gelebt, die Erde sei eine Scheibe. Und weil wir Angst hatten, wir würden am Ende der Scheibe ins bodenlose Nichts fallen, haben wir uns nicht weit aus unserem Umfeld entfernt, das wir kannten und von dem wir glaubten, dort sicher zu sein. Diese Illusion hat funktioniert, denn sie wurde von den Menschen damals geglaubt und gelebt, und somit zur damaligen Realität.

Erst als die Menschen die Perspektive wechselten und die Erde von einem anderen Standpunkt, von außen, betrachteten, Abstand nahmen und sich von ihrer Perspektive der Realität entfernten, sahen sie die volle Wahrheit.

Solange wir unser vermeintliches Wissen, unseren Glauben, als die Wahrheit verkaufen, nehmen wir uns als Gesellschaft die Möglichkeit, die Realität, die Wahrheit, zu erfahren. Ermutigen wir aber die Kinder von Beginn an, sich ihr eigenes Bild zu machen, zu hinterfragen und Abstand zu nehmen, dann werden sie ein immenses Wachstum erleben, und wir mit ihnen.

Und damit ergibt sich die Frage: Wie können wir Wissen lehren und eine Illusion weitergeben, von der niemand überhaupt weiß, ob sie in Wahrheit existiert? Nur wir begrenzen uns, niemand sonst. Dabei sind wir zu so viel mehr imstande, als wir nur ahnen.

Gleichzeitig halten wir unsere Illusionen am Leben, füttern sie und erschaffen sie täglich mit unserem Verhalten neu.

Wir leben in einer Gesellschaft, die sich über Wissen definiert. Aber was ist Wissen in Wahrheit? Wie viel Wahrheit steckt darin? Wie viel dessen, was wir glauben zu wissen, was wir glauben, es würde existieren und wahr sein, existiert denn wirklich? Und was davon erschaffen wir selbst? Was halten wir am Leben, indem wir es füttern, indem wir es weitergeben, verbreiten? Und was bleibt, wenn alle Illusionen zerbrechen? Was bleibt dann übrig? Ist das dann die Wahrheit dessen, was ist? Wer wir sind?

Indem wir erkennen, dass das Leben an sich bedeutungslos ist, können wir seine wahre Bedeutung erkennen. Denn dann sehen wir, dass wir es selbst in der Hand haben, die unendliche Macht, über alle Teile unseres Seins und unserer Erfahrungen zu entscheiden, denn sie bekommen nur die Bedeutung, die wir ihnen geben. Das heißt: Unser Leben bekommt die Bedeutung, die wir ihm geben.

Wer möchtest du sein, und was willst du erschaffen? Du bist dein eigener Avatar, nur mit der unfassbaren Möglichkeit, deine Entscheidungen selbst in deiner Realität zu erleben. Spürst du auf einmal die Verantwortung, die wir alle für uns selbst tragen? Die Macht, die wir haben?

Brauchen wir selbst heute noch alle diese Erfahrungen? Brauchen wir sie wirklich? Müssen wir Schmerz noch am eigenen Leib erfahren, um ihn zu begreifen? Oder reicht nicht die Erinnerung daran? Reicht nicht womöglich sogar ein Buch oder ein Film, der uns für kurze Zeit zu dieser Erfahrung mitnimmt und sie uns mitfühlen lässt?

Ich glaube, das ist eine Frage, die wir uns als Gesellschaft stellen sollten. Welche Erinnerungen möchten wir aufrechterhalten? Welche nicht? Welche wollen wir am eigenen Leib erfahren, und in welche Illusionen möchten wir eintauchen – für kurze Zeit?

Wir alle haben diese Wahl unbewusst bereits getroffen, bevor wir in dieses Leben traten, aber was wählen wir auf lange Sicht bewusst? Wo wollen wir uns hinbewegen, und wie möchten wir uns gesellschaftlich entwickeln?!

Jeder Einzelne von uns hat es in der Hand, sich diese Fragen zu stellen und seine Antworten zu finden. Jeder von uns kann nur zur Inspiration unserer Gesellschaft werden, indem er seine Wahrheit lebt.

Was wählst du?

Indem wir also beginnen, die Illusionen zu erkennen, sie nicht weiter zu füttern und uns nicht mehr auf ihre Vermeidung zu konzentrieren, sondern viel mehr auf das Leben und den Erhalt des Positiven – damit verlegen wir unseren Fokus weg von der Angst, von der Vermeidung all dieser Emotionen, hin zur Fülle und Glück.

Gleichzeitig bedeutet das keinesfalls, die Augen zu verschließen, wenn beispielsweise ein Krieg zur eigenen Realität wird. Begegnen wir ihm aber dann mit Vertrauen in erneuten Frieden, anstatt mit Angst vor dem Untergang, haben wir die Chance, ihn zu heilen: Im Großen, aber auch im Kleinen, begonnen bei unserer eigenen kleinen Welt, denn das Außen ist immer nur der Spiegel unserer eigenen Überzeugungen.

Krieg sowie jede Handlung im Außen beginnt zuerst in unseren Köpfen. Und wir haben die Wahl, was wir festhalten, weiterdenken und manifestieren wollen, und welche Gedanken wir weiterziehen lassen.

Wenn niemand weiß, wie Krieg funktioniert, aber alle wissen, wie man in Frieden lebt und dieses Wissen verbreiten, dann haben wir unsere Gesellschaft geheilt.

Hören wir also auf, Illusionen als Realität zu verbreiten und anderen, deren Realität es nicht ist, diese als Wahrheit zu verkaufen. Hören wir auf, es zu glauben und uns einschüchtern zu lassen. Wenden wir den Blick hin zu dem, was wirklich existiert. Wechseln wir unsere Perspektive und unseren Standpunkt, dann wird Erstaunliches passieren.

Wir alle sind so viel machtvoller, als wir glauben zu sein. Halten wir mithilfe unserer Erzählungen das Gute am Leben. Verbreiten wir das Gute, immer und immer wieder, und es wird zu unserer neuen Realität.

Illusionen sind wie Feuer. Sie können nur so lange brennen und Unheil anrichten, wie man sie füttert und ihnen Stoff zum Brennen gibt.

Programmieren wir jedoch unseren generellen Fokus um, dann sehen wir, was wir die ganze Zeit gesucht haben: Liebe, Freiheit, Vertrauen, Einheit. Das ist Alles-was-ist.

Für mich gibt es drei Schritte zur Freiheit und zur Lösung all meiner Herausforderungen und „schlechten" Gefühle.

Schritt 1:

Wenn ich mich nicht gut fühle, wenn ich das Gefühl habe, ein Problem noch nicht lösen zu können, wenn ich Angst oder Zweifel habe, dann hilft es mir, wenn ich Abstand nehme und erkenne, dass auch das nur eine Illusion ist, die ich selbst gewählt habe, denn das, was passiert, das ist neutral. Es nimmt nur die Bedeutung an, die ich dem Geschehen gebe.

Schritt 2:

Ich gebe dem Geschehen eine neue Bedeutung.

Schritt 3:

Ich schaue mir an, in welchem Bewusstsein ich mich selbst gerade befinde, wer ich gerade glaube zu sein. Bin ich gerade ein Mensch? Spiele ich gerade eine Rolle? Bin ich Katharina, meine Identität? Oder denke und handle ich aus meinem göttlichen Bewusstsein heraus?

Surrender: Erkenne die Illusion als solche an. Prüfe, mit welcher Bewertung du dem Zustand die Bedeutung gibst, die dich zu der Erfahrung, oder zu deinem Ziel bringt. Und prüfe, in welchem Bewusstsein du gerade handelst, ob es deinem Ziel zuträglich ist, deinem Wunsch dessen, was du erfahren möchtest, oder ob es besser wäre, dein „Wer bin ich?“ zu wechseln.

Wenn du diese drei Schritte einmal gespürt und verinnerlicht hast, dann bist du wahrhaft frei. Denn dann hast du jederzeit die Wahl, wie und als was du dich erfahren möchtest, und du hast die Chance, aus jedem Augenblick zu schöpfen, zu leben, zu genießen – zu sein!

Du hast es verdient.

***

Energievampire

Energievampire. Du weißt sicherlich genau, wovon ich spreche. Es sind Menschen mit einer sehr niedrigen Schwingung. Tischgespräche über Krankheit, Tod und Krieg, und du spürst, wie sich dein Inneres immer dunkler färbt, bis du, gefühlt, auf ihrem Schwingungsniveau schwingst. Oder du verschließt dein Herz wieder, bist da, aber doch abwesend. Menschen, die immer etwas finden, was sie stört. Menschen, die scheinbar nie zufrieden sind, oder Menschen, die in der Vergangenheit leben.

Auch ich hatte lange Zeit große Probleme damit, Menschen aus meinem „früheren Leben" zu treffen. Menschen, die mir sehr viel bedeuteten, in einer Zeit, in der es mir nicht gut ging, Gleichgesinnte.

Viele Coaches geben Tipps, diese Menschen so schnell wie möglich aus dem Umfeld zu verbannen und sich mit neuen Freunden zu umgeben, die dort sind, wo du nun auch bist, oder dort, wo du hin möchtest. Prinzipiell ist es ein Ansatz, der funktioniert und deine Schwingung sehr schnell anheben kann, aber ist es auch sinnvoll? Und was ist, wenn diese Schwingungstöter in der eigenen Familie sitzen?

Hätte ich damals auf mein Umfeld gehört, dann hätte ich mit der Entwicklung meiner Persönlichkeit nicht einmal begonnen.

Es geht nun aber nicht darum, andere bloßzustellen, denn

auch sie leben einfach in ihrer Welt, in der ihre Überzeugungen für sie stimmen und sich bestätigen. Es geht darum, wie wir selbst damit umgehen, wie wir diesen Menschen weiterhin respektvoll und liebevoll begegnen können, und zwar auf Augenhöhe, auch wenn wir nicht mehr dieselbe Welt teilen.

Ein neues Umfeld wird von ganz allein entstehen, sobald wir andere Interessen haben. Wir gehen auf Seminare, nehmen an Workshops teil, werden Teil einer Community und richten unseren Fokus im Alltag neu aus.

Aber trotz alledem lässt es sich nicht immer verhindern, auch auf Menschen zu treffen, die eine andere Sicht auf das Leben haben als wir, zum Beispiel in der Schule, auf der Arbeit, oder auf Geburtstagen, und diese Personen zu meiden, das sollte nicht unser Ziel sein.

Vor wenigen Wochen war ich auf solch einem Geburtstag. Gastgeber waren meine ehemaligen Nachbarn, beide über 70. Dem angepasst, waren natürlich auch die Gäste. Es war so ein typischer Abend, geprägt von Gesprächen darüber, wer in der letzten Zeit verstorben ist, wie die Verwandten damit umgehen, wer von ihnen nun in Therapie ist, wer neuerdings unter Depressionen leidet und nun medikamentengesteuert das Leben bestreitet – Geschichten von Krankheit und Schmerzen, Krieg und Umweltkatastrophen... Der Abend war lang.

Schon als ich eintrat, begann mein Bauch zu grummeln. Neuerdings reagiere ich körperlich auf niedrige Energien. Es war, als würde ich in eine dichte Wolke eintreten, die mich einengt und zusammendrückt. Es dauerte keine fünf Minuten, und ich saß auf dem Klo. Dort verbrachte ich auch die meiste Zeit des Abends, bis ich einige Stunden später, um gefühlte fünf Kilogramm leichter, den Geburtstag wieder verließ. Auf der Straße angekommen, waren alle Symptome schlagartig wieder verschwunden, der Spuk war vorbei.

Das klingt nun als Geschichte amüsant, aber glaube mir, lustig war das in dem Moment überhaupt nicht. Es war zwar schon vorher so, dass ich von einer auf die andere Sekunde starke Blähungen bekam, sobald ich mit niedrig schwingenden Personen sprach, also in ihrem Energiefeld stand, aber so stark hatte ich es zuvor nie erlebt.

Daraufhin setzte ich mich hin und überlegte, wie ich demnächst mit solchen Situationen und Menschen umgehen könnte, um gestärkt aus der Situation hinauszugehen, anstatt mich noch Tage danach aufbauen zu müssen, um wieder zu Energie zu kommen. Denn eins wusste ich sicher: Ich wollte mein Herz nie wieder verschließen, nur aus Angst, dort mit hineingezogen zu werden. Ich wollte ihnen zuhören und für sie da sein, ohne mich selbst dabei schlecht zu fühlen oder mir von oben herab ihre Welt schlechtzureden.

Denn auch diese Seite der Sicht der Welt existiert in unserem Leben. Wir lernen in der Persönlichkeitsentwicklung, immer positiv zu denken. Aber in unserer Dualität existieren nun einmal beide Seiten, wir haben Gut und Böse erschaffen, Dünn und Dick, Groß und Klein, Positiv und Negativ. Stellen wir uns nun also immer auf eine Seite des Lebens, blenden wir die andere aus, sperren sie sozusagen weg, dann lernen wir nie, mit der anderen Seite umzugehen. Wir bauen in Bezug auf die andere Seite des Lebens Angst auf, drücken sie weg und vermeiden sie. Du merkst, worauf ich hinaus will? Genau, es entsteht wieder einmal eine Blockade in unserem Energiesystem, und wir sind nicht ausgeglichen.

Wir können uns diese Dualität wie eine Wippe vorstellen. Diese Wippe besteht aus zwei Polen, diesen Gegensätzen. Wir können sie positiv und negativ, schlecht und gut und so weiter nennen. Wir stehen oben auf der Wippe. In unserem Leben haben wir nun die Wahl, in welche Richtung wir wollen, ob wir uns nach rechts oder nach links bewegen, welche Seite des Lebens wir in jedem einzelnen Moment erfahren wollen. Entscheiden wir uns für eine Seite, dann weißt du, kippt die Wippe an einem bestimmten Punkt nach unten zu der Seite, die wir wählen zu gehen. Das erleichtert uns erst einmal, den Weg weiterzugehen, erschwert es uns aber auch zurückzukehren. Gleichzeitig ist diese Wippe nun nicht mehr ausgeglichen, sondern einseitig belastet. Das hat zur Folge, dass uns auch nur noch Informationen des Pols erreichen, den wir gewählt haben, die also dieselbe Schwingung besitzen und von ihm angezogen werden, und so automatisch unsere Wahrnehmung der Welt und unser Leben und Erleben steuern.

Und da wurde mir klar, dass ich mich für eine Seite entschieden hatte, für die der Positivität, und somit alles, was dem nicht entspricht, automatisch abstoße, um nicht hinüber zur anderen Seite gezogen zu werden.

Entscheiden wir uns nur für eine Seite, dann kann es sein, dass wir ständig unbewusst in Angst sind, das Leben nicht fließen lassen, nicht im Vertrauen sind und uns blockieren. Auf der negativen Seite besteht die Angst, wieder verletzt und enttäuscht zu werden, sollte man einen Schritt nach vorne wagen, und dann wieder zurückzufallen, und deshalb bleiben wir lieber stehen. Und auf der Seite der Positivität haben wir Angst, dass uns gegenteilige Erfahrungen dorthin zurückbringen, wo wir womöglich hergekommen sind.

Auf einmal fiel es mir wie Schuppen von den Augen. Im Zustand der Erleuchtung hatte ich mich für keine der beiden Seiten entschieden. Ich hatte mich in die Mitte gestellt, ich konnte alles sehen und wahrnehmen und wusste, dass alles, was passiert, einen bestimmten Grund hat, dass alles gut und richtig ist, und konnte so vertrauen und alles lieben, wie es war. Das war der Schlüssel!

Nur in der Mitte haben wir jederzeit die Möglichkeit, alles wahrzunehmen, aus allen Perspektiven zu schauen, und so die gesamte Realität zu erfassen. Und nur so können wir frei die Bewertung wählen, die wir der Situation geben möchten, um sie für uns zu nutzen. Oder wir beobachten einfach nur, nehmen bewertungsfrei wahr, und lassen sie einfach rechts und links an uns vorbeiziehen. Der Ausgleich liegt in der Mitte. Wir werden zu keiner Seite hingezogen, sondern stehen fest auf beiden Beinen im Leben und können jederzeit wählen, wo wir hinblicken möchten. In der Mitte liegt das Leben, das Leben, wie es ist. Wir müssen also gar nicht in eine Höhle im Himalaya ziehen, um als Erwachte/er überleben zu können, in unserer Mitte zu bleiben und unser Leben zu genießen. Wir können hier und heute in unserer Gesellschaft genau das leben!

Und nur, wenn wir einen festen Stand haben und beide Seiten kennen, wenn wir im Hier und jetzt leben, anstatt eine der Illusionen zu wählen, nur dann können wir wirklich eine Veränderung schaffen. Wir kennen alle Standpunkte und Perspektiven und können sie nutzen, um auch einen Ausgleich der Pole zu schaffen und Menschen die Angst vor der anderen Seite zu nehmen, ihnen den Weg in die Mitte zeigen. Aus der Mitte heraus können wir selbst Illusionen beider Seiten bewusst wählen, und je nach dem persönlichen Ziel, das wir erschaffen oder erfahren möchten, und welche Seite uns dafür dienlich ist, handeln und erschaffen.

Wir bestehen aus beiden Polen, wir sind beides. Die Dualität lässt uns nur erfahren, was wir alles sind. Alle Geschehnisse sind erst einmal neutral, und mit unserer Bewertung stellen wir sie in einen Kontext und geben ihnen eine Bedeutung.

Wenn wir die eine Seite, die wir eben auch sind, nicht anschauen wollen, wenn wir Menschen meiden, die auf der anderen Seite stehen, versuchen uns von ihnen abzutrennen, dann kann das nur zum Ungleichgewicht führen, denn wir sind eins, wir sind untrennbar miteinander verbunden, und sie sind nur ein Spiegel des anderen Pols und können uns Wichtiges zeigen und erfahren lassen, ohne dass wir selbst unsere Seite wechseln müssen. Diese Menschen können uns ausgleichen, und wir sie. Wir sollten ihnen dankbar sein dafür, dass sie uns die Dualität zeigen, unser Gegenstück bilden, uns in ihre Welt einführen, sodass wir es selbst nicht erleben müssen, um zu verstehen und daraus zu lernen.

Wenn wir immer in einem sterilen Raum leben, alle Arten von möglicherweise krankmachenden Keimen vermeiden, uns immer meinen schützen zu müssen, dann wird sich unser Immunsystem nie ausbilden beziehungsweise irgendwann zurückbilden. Schafft es dann doch ein winziger Erreger durch Zufall, an uns heranzukommen, dann kann uns dieser sofort lahmlegen, umhauen oder sogar umbringen.

Viele Impfstoffe enthalten genau die Erreger in einer minimalen Dosis, gegen die wir geschützt werden möchten. Was dabei nämlich passiert ist, dass unser Körper Antikörper gegen die Erreger entwickelt, sie bekämpft und sich ihr Aussehen und Verhalten genau abspeichert. Gelangen sie dann einmal wirklich in unseren Organismus, steht ein Schlachtplan bereits und kann sofort mit der Wiederherstellung des eigenen Gleichgewichts beginnen.

Daher sollten wir uns nicht aus dem Leben zurückziehen oder einseitig leben, sondern gerade diese Situationen, wie ich sie beschrieben habe, schätzen lernen, denn sie stärken uns und geben uns die Möglichkeit, ihnen eine neue Bewertung und einen Sinn zu geben und daran zu wachsen. Sie gleichen uns aus, und wir bekommen die Chance, eine andere Perspektive kennenzulernen, ohne dabei unseren eigenen Standpunkt zu verlassen. Wir können jedem Menschen dankbar sein, der uns eine andere Realität zeigt, und haben jederzeit die Wahl, in welcher Realität wir selbst leben möchten.

Für mich bedeutet diese Mitte die Meisterschaft. Monatelang hatte ich mit allen Mitteln versucht, meine Schwingung zu erhöhen, nach dem Weg zurück gesucht, um auch anderen helfen zu können, diesen unbeschreiblichen Zustand zu erfahren.

Dabei erschuf ich immer mehr gute Gefühle und Erfahrungen in mir, und lebte dennoch in einem großen Ungleichgewicht, weil ich dachte, sie am Ende der einen Seite zu finden. Und genau dadurch entfernte ich mich immer weiter von der Antwort.

Bis ich mit Menschen zusammenkam, die dieses Ungleichgewicht ausglichen, die auf der anderen Seite des Lebens standen und mir so die Augen öffneten. Es war das erste Mal, dass ich meine Augen und mein Herz nicht verschloss, sie nicht ausblendete, sondern hinsah und so die Möglichkeit bekam, sie zu verstehen und der Situation eine neue Bewertung zu geben.

Ich habe den Zustand wiedergefunden. Das war der Schlüssel zu dem Bewusstsein, in dem wir in einem tiefen Vertrauen sind, weil wir das Leben aus allen Perspektiven betrachten und jederzeit die Wahl haben, in welche Richtung wir blicken wollen. Der Zustand, in dem wir alles und jeden bedingungslos lieben und annehmen. Der Zustand, in dem wir vollständig sind. In dem wir im Hier und Jetzt leben und uns nichts mehr umhauen kann. Wir beobachten die Illusionen, aber leben nicht in ihnen, wir erkennen und verstehen sie, ohne sie selbst zu erfahren. Und wenn wir mal ein bisschen Drama brauchen, dann verlagern wir unser Gewicht kurz zu einer Seite und gehen zurück, sobald wir genug haben. Es ist der Ort der inneren Ruhe und Gelassenheit, bei dem alles sein darf, und nichts muss. Der Ort der Liebe, des Vertrauens, des Glücks, der Erfüllung, der Verbundenheit und Vollkommenheit.

Das ist, was ist.

***

Erkenne dein wahres Ich

Ich möchte gerne ein Kapitel meines ersten Buchs „Du kannst die Welt verändern!" mit dir teilen, da es auch in diesem Buch nicht fehlen darf.

Dort schrieb ich:

„Wir alle sind bereits erleuchtet, nur eben die meisten von uns unbewusst."

Lass uns noch einmal in diese Situation hineingehen.

Stell dir vor, du bist im Bauch deiner Mutter. Alles ist immer dunkel und angenehm warm. Du hast noch nie etwas anderes gesehen, woran du denken könntest. Du kennst noch keine Sprache, mit der du mit dir sprechen könntest. Das Einzige, was dich ausmacht und dir zeigt, dass du existierst, das ist dein Gefühl. Manchmal fühlst du dich weit und offen, manchmal auch eng und verschlossen.

Irgendwann aber passiert es. Durch eine Öffnung gelangst du an einen neuen Ort. Es ist hell, du hörst Stimmen, Geräusche. Du spürst Berührungen.

Du beobachtest alles, bist offen und nimmst einfach nur wahr, was du fühlst. Du siehst es, wie es ist. Manchmal fühlt es sich angenehm an, manchmal nicht. Irgendwann lernst du, dass es bestimmte Verhaltensweisen von dir gibt, auf die ein offenes, weites, wundervolles Gefühl folgt, und auf andere nicht. Du verhältst dich nun häufiger so und versuchst, anderes zu vermeiden. So verstehst du, dass es ein Gut und ein Schlecht gibt, ein Lieb und ein Böse, ein Positiv und ein Negativ. Du nimmst nun nicht mehr ungefiltert wahr, sondern beginnst, deine Handlungen und Reaktionen bewusst zu wählen und so nach und nach deinen Filter zu erschaffen, durch den du fortan die Welt siehst und wahrnimmst.

Wie du ja bereits weißt, lernen wir nun nach und nach durch die Reaktionen unseres Umfelds, dass es bestimmte Zustände gibt, die eine liebevolle Reaktion auslösen, und andere nicht. Wir lernen, wodurch wir die Energie, als die wir uns spüren, weiten können, und was sie eng und unangenehm macht. So lernen wir immer mehr, dass es ein Gut und ein Schlecht gibt. Wir beginnen zu vergleichen, zu bewerten und abzuwägen. Auf jede unserer Handlungen folgt eine Reaktion. Wir spüren, ob sie sich gut anfühlt oder nicht, und schließen daraus, ob wir diese Verhaltensweise beibehalten oder eine andere wählen sollten. Wir wissen ja noch nicht, was in unserer Gesellschaft gut ist, und was nicht. Bisher war die Welt für uns vollkommen und alles gut und richtig, wie es ist. Nach und nach programmieren wir somit unser Unterbewusstsein, was uns fortan nach unseren inneren Überzeugungen denken und handeln lässt, entstanden dadurch, ob sich unser Verhalten gut angefühlt hat oder nicht.

Es gibt nun etwas, was in unserer Szene häufig für Verwirrung sorgt. Einerseits heißt es, das Leben sei ein ständiger Wachstumsprozess. Wir entwickeln uns immer weiter, versuchen ständig, uns selbst zu optimieren, um hoffentlich irgendwann gut genug zu sein. Und dann heißt es auf einmal: Du bist bereits perfekt. Du trägst alles in dir, was du dir wünschst. Du bist vollständig.

Was stimmt nun?

Wenn wir das Ganze nun mal aus dieser Perspektive betrachten, sehen wir, dass der Zustand, den wir nach unserer Geburt hatten, der ist, den wir alle als Erleuchtung, Vollkommenheit, als unser Ziel ansehen. Nach unserer Geburt entwickeln wir uns äußerlich, werden größer, lernen mit unserem Körper umzugehen und unseren Verstand zu benutzen, und lenken unsere volle Aufmerksamkeit und Energie darauf. Denn das, was wir uns heute wieder wünschen zu erfahren, war ja damals bereits da und vollkommen selbstverständlich.

Und wofür werden wir nun einmal gelobt? Was wird uns gezeigt, ist in diesem Leben richtig, angesehen, liebenswert und soll gelernt und erhalten werden? Jeder neue Schritt auf eigenen Beinen wird bejubelt, jedes neue Wort. Das Häkchen neben dem Vokabeltest für eine ausgeprägte Gedächtnisleitung, aufessen, das Küsschen auf die Wange, das Stillsitzen und zu lernen, die Tränen zu unterdrücken, wenn es gerade unpassend ist. Aber sind wir das dann noch? Wenn wir erst lernen müssen, was richtig und was falsch ist, sind wir das dann, oder sind wir einfach nur der Avatar unserer Gesellschaft? Identifizierst du dich mit diesem Ich? Oder sind wir nicht das, was wir waren, als wir zum ersten Mal das Licht der Welt erblickten?

Alles, was nach unserer Geburt dazu kommt, was unser Ich und unsere Identität bildet, legen wir sozusagen wie Schichten über uns selbst drüber. Es ist unsere Identität, die von außen geformt wird und die wir als unsere bezeichnen. Sobald wir aber beginnen, diese Identität als *Ich* anzusehen, uns mit ihr identifizieren und glauben, sie zu *sein*, kann genau das zum Problem werden. Unser *ICH BIN*, das, was wir glauben zu sein, erschafft unsere eigene Realität. Und wurde unsere Identität von unserem Umfeld geformt und wir identifizieren uns damit, übernehmen wir somit auch ihre Einstellung zum Leben, zu uns, zu dem, was möglich ist, und was nicht, was gut ist, und was eben nicht. Es sind unsere Schichten, unsere Bewertungen und unsere Brille, mit der wir das Leben sehen.

In der Persönlichkeitsentwicklung geht man nun in alle diese Schichten hinein und versucht, alle Überzeugungen zu erkennen und sie zu lösen, wenn sie uns selbst nicht dienen.

Ich habe da einen etwas anderen Ansatz. Ich hatte nach einigen Monaten der bewussten Persönlichkeitsentwicklung das Gefühl, in einem nie mehr endenden Kreis der Selbstoptimierung zu stecken und niemals gut genug zu sein.

Vielleicht hattest du das Gefühl ja auch schon einmal? Und irgendwann fragte ich mich, ob es nicht einen anderen Weg gibt, eine Abkürzung. Ich suche immer nach den einfachsten und schnellsten Wegen.

Einige Tage später passierte es dann: Ich hatte im letzten Jahr eine Erleuchtungserfahrung.

In unserer heutigen Gesellschaft klingt das erst einmal merkwürdig, gerade auch, weil wir glauben, es sei ein Zustand, den man nur durch jahrelanges Meditieren, durch absoluten Minimalismus, durch jahrelange spirituelle Praktiken erreichen kann. Ich hatte bis dahin nichts von alledem gemacht. Auch die Spiritualität war mir vollkommen fremd, und mit diesem Thema hatte ich mich bis zu diesem Tag noch nie auseinandergesetzt.

Du kannst dir sicherlich vorstellen, wie es ist, wenn du als bis dahin absoluter Kopfmensch so etwas erlebst. Ich nahm mich selbst während dieser Tage als reine Energie wahr, spürte Zustände, sah Dinge und verstand Zusammenhänge, für die wir in unserer Realität noch keine Worte haben und die ich gerade nach und nach erst wirklich verstehe. Ich war mit allem um mich herum verbunden, reine Liebe. Ich wusste, dass mir nie etwas passieren konnte, dass alles im Leben *für* uns passiert, erlebte ein Urvertrauen, das mit nichts, was ich bisher gespürt hatte, zu vergleichen ist. Ich konnte Fragen stellen und wusste sogleich die Antwort. Alle Menschen waren für mich reiner Ausdruck von Liebe. Es war, als würde ich ihre Essenz sehen, und ihre Körper waren einfach Körper, durch die sie sich nun für einen Moment auf der Erde erfahren konnten.

Warum ich das jetzt noch einmal so ausführlich erzähle, hat einen Grund: Ich glaube, dass genau das der Zustand ist, der unserer Natur entspricht. Dass es das ist, was wir alle sind und auch jederzeit wieder sein können. Würden wir den Zustand beibehalten, wäre dieses Spiel verschiedener Erfahrungen auf der Erde nicht möglich, das sollte also nicht unser Ziel sein. Aber wenn wir alle die Möglichkeit haben, es wirklich einmal selbst zu erfahren und zu spüren, zu diesem reinen Bewusstsein zu werden, um uns dann bewusst wieder auf die Erfahrungsebene zu begeben, dann wird das Leben hier nicht mehr dasselbe sein.

Wie würde es dich und dein Leben verändern, würdest du in jeder Sekunde spüren, dass alles in deinem Leben immer *für* dich ist, du geleitet wirst und einfach loslassen und vertrauen kannst?

Was würde sich verändern, würdest du dich selbst vollkommen lieben und annehmen, wie du bist, und zu allen anderen Menschen eine tiefe Verbundenheit spüren, ihr wahres Ich erkennen, sie fühlen?

Wir alle sind bereits erleuchtet. Dieser Zustand im Mutterleib und im ersten Jahr nach unserer Geburt ist genau der, den wir als Erleuchtung betiteln. Und er ist immer da, er geht niemals weg. Mit der Zeit wird er immer stärker überdeckt, sozusagen gedeckelt von all unseren limitierenden Überzeugungen und Bewertungen. Sobald wir beginnen, uns mit unserer Identität anstatt mit dem Bewusstsein zu identifizieren, das all das wahrnimmt, drängt unser neues Ich unser wahres Sein in den Hintergrund.

Stell dir vor, du hast vor dir ein weißes Blatt liegen. Nun legst du andersfarbige Blätter darüber, rot, dann gelb, dann grün, lila, blau usw. Das Blatt, auf dem die Farben liegen, ist aber immer noch dasselbe. Es hat sich nicht verändert, nur weil nun etwas anderes es verdeckt. Nur können du und andere dieses Blatt unter all den anderen Schichten nicht mehr erkennen. Nun könntest du dir Schicht für Schicht angucken und versuchen, sie beiseitezulegen. Dieser Weg dauert jedoch sehr lange. Du kannst aber auch erkennen, wer du in Wahrheit bist, du kannst sehen, dass du selbst bereits vollkommen bist und einfach nur unter vielen anderen Schichten liegst, die dir deine Gesellschaft gegeben hat, bis du sie als deine eigenen angenommen hast. Du als weißes Blatt kannst dich bewegen, unter dem Stapel hervorkommen und einfach deinen Standpunkt wechseln. Nur, solange du denkst, die anderen Schichten seien mit dir verbunden oder dass du diese Schichten *bist*, weil sie über dir liegen, nur dann ist es nicht möglich, dich selbst zu erkennen.

Also erkenne dich, trenne dich von deiner Identität für einen Moment ab, in dem Wissen, dass sie immer da ist, du selbst wählst, wer du sein möchtest, als was du dich erfahren möchtest, und du jeglichen Zustand jederzeit selbst erfahren kannst.

Versetze dich einmal in den Zustand hinein. Unter all diesen Schichten liegt in dir der Zustand, den wir Erleuchtung nennen. Das bist du. Stell es dir gern bildlich vor: Alles, was du siehst, ist vollkommen richtig. Schiebe einmal alle deine Filter beiseite. Du kannst dir auch vorstellen, wie all die Schichten deiner vorübergehenden Identität wegfliegen, und nur noch du bleibst. Rein, zart, verletzlich, aber wunderschön. Ohne jeglichen Filter nimmst du wahr. Spüre dich einmal, deine Umwelt. Du als reine Energie, deine Gefühle, all das zeigt dir die Welt.

Wir müssen nicht mehr suchen, sondern beginnen zu *sein* und zu leben, denn wir sind bereits alles, was wir sein wollen.

Neale Donald Walsch hat einmal gesagt: *We are human beings, not human doings*.

Wir müssen nichts tun, um zu sein, aber wir müssen sein, um etwas tun zu können.

Es ist so ein Geschenk, dieses Leben erleben zu dürfen.

Ich glaube, wir dürfen wirklich einmal loslassen und nur sehen, was das Leben an sich wirklich ist, wer wir wirklich sind. Definiere deine Werte und deinen Sinn des Lebens und erschaffe dein Leben danach, deine Gedanken, Gefühle und Handlungen, und du kannst diese Freude und Erfüllung spüren. Aber erkenne, dass du selbst all das bereits bist.

Du musst nichts tun, um zu sein, aber du musst sein, um etwas tun zu können.

Erschaffe nach und nach immer mehr Handlungen aus deinem Seinszustand heraus, das, was du bist, und weniger aus dem Wunsch heraus, etwas zu werden. Wenn du wirklich diesen Schalter einmal umgelegt hast, von der Suche zum Erleben, dann ist das Leben wundervoll und unglaublich faszinierend, und bringt ganz neue, spannende Herausforderungen mit sich.

Lebe deine Wahrheit – Wie wir mit bedingungsloser Liebe die Welt heilen

Schatten beschreibt nur einen Zustand, der entsteht, wenn durch ein Hindernis kein Licht auf eine Stelle fällt. Schatten ist also nur die Abwesenheit von Licht. Alles, was ursprünglich existiert, ist Licht. Damit ein Schatten entsteht, benötigt man somit einen Gegenstand, der dem Licht den Weg versperrt. Schatten ist somit auch kein natürlicher Zustand, sondern einer, der durch äußere Eingriffe ausgelöst wird. Ein Schatten kann sich demnach auch nicht von selbst ausbreiten und das Licht überdecken, jedoch kann das Licht seinen Standpunkt wechseln und so den Schatten wieder mit Licht erfüllen.

Nun ist es so, dass Menschen, die aus ihrem Schmerz, ihrer Angst, ihrer Wut heraus handeln, im Schatten stehen. Ihre Glaubenssätze, ihre eigene Angst oder ihre Zweifel sind so groß, dass sie das Licht nicht mehr sehen können. Auch wenn sie womöglich aus ihrer inneren Dunkelheit heraus Dinge tun oder sagen, die wir im Licht niemals gutheißen würden, können wir ihr Verhalten nicht ändern, indem wir ihnen ebenfalls mit Dunkelheit begegnen, also ihnen Vorwürfe machen oder sie bewerten und als schlecht oder böse einteilen.

Krieg kann niemals mit Krieg beendet werden. Schatten niemals mit Schatten. Je mehr Menschen sich anschließen und in den Krieg ziehen, desto mehr Dunkelheit entsteht.

Diese Menschen haben womöglich bereits in ihrer Kindheit sehr viel Dunkelheit erfahren, haben Schlimmes erlebt, und dabei sind so große Glaubenssätze entstanden, dass sie nichts anderes mehr sehen können und in ihrem eigenen Gefängnis, zwischen ihren eigenen Begrenzungen, leben. Kein Kind aber kommt bereits so zur Welt. Wir alle sind Licht. Und auch du hättest in diese Situation kommen können, oder kennst sie vielleicht sogar selbst und hast einen Ausweg gefunden. Was ich damit sagen möchte, ist: Auch diese Menschen sind im Herzen gut. Sie tragen dieses Licht in sich, wie jeder von uns auch, nur können sie es nicht mehr sehen und spüren, da der Schatten ihrer Kindheit das Licht verdrängt hat.

Begegnen wir ihnen nun mit Dunkelheit, dann bestätigen wir sie in ihrem Weltbild, das über die Jahre entstanden ist, und verstärken es.

Jeder Mensch, der nicht aus bedingungsloser Liebe handelt, hat seine Gründe. In den meisten Erwachsenen, die sich streiten und sich gegenseitig verletzen, stecken die kleinen, verletzten Kinder, die nie gelernt haben, mit sich selbst umzugehen und keinen anderen Weg kennen.

Aber alle diese Menschen, egal, was sie tun oder sagen, sind genauso wertvoll wie jeder andere von uns. Sie wissen es nur nicht besser und können es gar nicht besser wissen, wenn ihnen bisher nur mit Gleichem begegnet wurde und sie in ihrem Leben noch nichts anderes erfahren haben. Aber du hast die Möglichkeit, es anders zu machen.

Du hast die Möglichkeit, eine neue Perspektive einzunehmen, den Menschen wieder ihr Licht zu bringen und sie von ihrem Schatten zu befreien. Und das im Großen, wie auch im Kleinen. Bitte begreife tief in deinem Herzen, dass dieser Mensch genauso wundervoll, genauso wertvoll und einzigartig ist wie du. Geh raus aus deiner Bewertung.

Ich weiß, das erfordert sehr viel persönliche Stärke und ein sehr hohes Bewusstsein, aber ich weiß auch, dass du es kannst, denn sonst hätte dich dieses Buch nicht gefunden.

Hör diesen Menschen zu, hab Verständnis für ihre Gründe und begegne ihnen mit der Liebe und der Annahme, die sie bisher nicht erfahren haben. Erinnere sie durch dein Sein an ihr Licht. Zeig ihnen mit deiner Annahme ihre Vollkommenheit. Zeig ihnen mit deiner Stärke die Kraft, die in uns allen steckt, die Kraft der Vergebung, die Kraft der Liebe. Du kannst es, denn du bist Liebe. Du bist Licht.

DU BIST.

Jedes Leben, das du so berührst, das du so veränderst, indem du das Licht dort wieder hinbringst, jeder Mensch, den du so an sein wahres Sein erinnerst, wird selbst beginnen zu strahlen und mit seiner Geschichte weitere Menschen an ihre Wahrheit erinnern. Und bitte, glaub bloß nicht, dass du zu klein bist, um einen Unterschied zu machen. Jeder Mensch, der sich für den Frieden einsetzt, und das kann bereits bei dir zu Hause beginnen, ist ein Geschenk für den Weltfrieden und kann der erste Dominostein einer langen Kette sein. Du bist machtvoller, als du glaubst!

Ich möchte mit dir gerne einen Ausschnitt aus dem Buch „Gemeinschaft mit Gott“ von Neale Donald Walsch teilen. Diese Worte tragen so viel Tiefe und Wahrheit, ich hätte es nicht besser sagen können.

Träumt von einer Welt, in der das Leiden nie wieder ignoriert wird, in der Intoleranz nie wieder zum Ausdruck kommt, und in der niemand je wieder die Erfahrung von Hass macht.

Träumt von einer Welt, in der auf das Ego verzichtet, die Überlegenheit abgeschafft, und die Unwissenheit aus jedermanns Realität entfernt, und auf die Illusion reduziert worden ist, die sie ist.

Träumt von einer Welt, in der Fehler nicht zu Schamgefühlen, Bedauern nicht zu Schuldgefühlen, und Urteile nicht zur Verdammung führen.

Träumt von diesen Dingen und von mehr.

Wählt ihr sie?

Dann träumt sie ins Sein.

Beendet mit der Macht eurer Träume den Albtraum eurer Realität.

Diese Wahl könnt ihr treffen.
Oder ihr könnt die Illusion wählen.

Ich habe es euch schon früher durch die Worte der Dichter und Philosophen gesagt:

Da sind die, die die Dinge so sehen, wie sie sind, und sagten: „Warum?"

Und da sind die, die von Dingen träumen, die es noch nie gab, und sagten: „Warum nicht?"

Was sagt ihr?

(Neale Donald Walsch: *„Gemeinschaft mit Gott“*)

Ich denke, dem ist nichts mehr hinzuzufügen.

***

Einfach danke

Ich danke dir für dein Sein! Danke, dass du bis hierher gelesen hast. Das bedeutet mir sehr viel, weil ich weiß, wie viel persönliche Stärke es braucht, um sich diesen Themen zu stellen.

Wenn es da nun diese leise Stimme gibt, die sagt: Versuch es, trau dich, dir kann nichts passieren, dann trau dich, auf sie zu hören! Lass sie lauter werden, drücke ihr ein Mikrofon in die Hand, gib ihr eine Bühne, sodass auch jede Zelle die Nachricht empfängt: Ich will leben! Und ich liebe mein Leben! Ich bin wertvoll! Und ich darf ein Leben in Fülle, in Liebe, in Verbundenheit, in Vertrauen leben! Das bin ich! Ich will! ICH BIN!

Ich möchte dich nun einladen, dieses Wissen zu leben und zu deiner eigenen Wahrheit werden zu lassen.

Du kannst es, das weiß ich. Du bist ein Geschenk für diese Welt.

***

Dieses Buch wäre ohne die Menschen in meinem Umfeld nicht entstanden, denn ohne diese Menschen an meiner Seite wäre ich heute nicht mehr da. Und auch, wenn ich das in anderen Büchern immer todlangweilig finde, erst jetzt verstehe ich, weshalb Autoren diesen Teil nicht aussparen können.

Ohne diese Menschen in meinem Leben würden diese Zeilen nicht existieren, und mir ist es ein Bedürfnis, dir zu zeigen, wer unbewusst bis zum heutigen Tag an diesem Buch mitgewirkt hat – sozusagen die Co-Autoren meines Lebens.

Mama, ich bin dir unendlich dankbar für deine bedingungslose Liebe und dein Vertrauen, mit dem du mir zu jeder Zeit begegnet bist. Du hast mir gezeigt, wer ich in Wahrheit bin, auch, als ich es lange Zeit nicht sehen konnte. Du bist mein größtes Vorbild und mein größtes Geschenk.

Lange haben wir uns gespiegelt, lieber Papa, und uns das Leben gegenseitig gar nicht so einfach gemacht. Ich durfte so vieles von dir lernen und liebe dich für jede Erfahrung. Du hast immer zu mir gehalten, warst für mich stark, wenn ich es nicht war, und ich bin dir unbeschreiblich dankbar dafür, dass du auch in schweren Zeiten immer für mich da gewesen bist. Du hast immer an mich geglaubt und mehr in mir gesehen, und ich bin unbeschreiblich dankbar dafür, dass wir beide unser wahres Ich nun kennenlernen. Ich liebe dich.

Meme und Pepe, ihr dürft natürlich auch nicht fehlen. Auch wenn ich nicht mehr eure Kleine bin, seid ihr immer noch bedingungslos für mich da. Egal, was ich mache, ihr unterstützt mich, liebt mich. Meme, du bist für mich der Ausdruck bedingungsloser Liebe, und dafür möchte ich dir, euch, einfach danken.

Innerhalb des letzten Jahres hat sich mein gesamtes Leben verändert, und das habe ich zu einem großen Teil meinen Mentoren Conny und Lorenzo Scibetta zu verdanken. Ihr beide habt mehr in mir gesehen und mich begleitet und aus mir herausgeholt, von dem ich niemals gedacht hätte, dass es in mir steckt.

Mara, danke dir für dein Vertrauen und deinen Mut, mit mir gemeinsam dieses Buch nach außen zu bringen. Ich freue mich auf alle weiteren Projekte, die wir noch gemeinsam starten werden.

Und allen anderen Menschen danke ich, die mir auf meinem Weg begegnet sind und mir mit ihrem Sein geholfen haben, zu dem Menschen zu werden, der ich heute bin.

Ich liebe euch, und ich wünsche dir, dass auch du einen solchen Menschen an deiner Seite hast, wenn du mal schwach bist. Ich wünsche mir, dass wir alle für andere stark sind, wenn sie es nicht sind: Dass wir ihnen sagen, was wir in ihnen sehen, wenn sie es nicht sehen. Ich wünsche mir, dass wir diese Welt, in der wir uns wünschen zu leben, nach außen tragen und selbst erschaffen. Allein können wir viel bewegen, aber nur gemeinsam kann eine Veränderung passieren.

Ohne meine Eltern wäre ich heute nicht mehr da. Meine Großeltern, die mich lieben, ganz gleich was passiert. Meine Eltern und Mentoren, die mehr in mir gesehen haben und mir halfen, zu der Person zu werden, die all das nun weitergeben darf.

Ich danke dir, Mama, ich danke dir, Papa, danke Meme und Pepe, Conny und Lorenzo, Mara und all den anderen Engeln in meinem Leben, die die Person aus mir gemacht haben, die ich heute bin. Ihr habt mir mehr gegeben, als ich jemals zurückgeben kann. Dieses Geschenk darf ich nun mit der Welt teilen.

Ich liebe euch. Danke.

Über die Autorin

Katharina Kopp ist eine junge Visionärin der Neuen Zeit. Sie glaubt daran, dass ein friedliches Zusammenleben auf der Welt möglich ist, und sieht die Erweiterung unseres Bewusstseins als den Schlüssel zum Frieden an. Ihre Vision ist es, ein zweites Schulsystem zu erschaffen, um es allen Kindern von Beginn an zu ermöglichen, den Zugang zu sich selbst zu stärken und die eigenen Potenziale vollkommen auszuleben.

Um das Bewusstsein für diese neue Realität zu weiten und diesen Traum Wirklichkeit werden zu lassen, schreibt sie Bücher, hält Vorträge, inspiriert in ihrem Podcast, ist zu Gast in Fernsehshows und im Radio, unterrichtet das Fach *Glück* an Schulen, gibt eigene Seminare und arbeitet an der Gründung ihrer ersten eigenen Schule.

www.katharinakopp-coaching.de

Buchempfehlungen

Susanne Gerlach

Kundalini-REIKI der Neuen Zeit

112 Seiten, A5, broschiert

ISBN 978-3-95531-185-8

Kundalini-REIKI der Neuen Zeit macht endlich Schluss mit Begrenzungen in der Energiearbeit. Durch die Anhebung der heutigen Schwingungsfrequenz gibt es dank Kundalini-REIKI ein einfaches Energiesystem, ohne Symbole und festgefahrene Vorgaben. Die Neuen Energien basieren auf Liebe und Freude in Wahrhaftigkeit. Das einfachste Selbstheilungssystem für das persönliche Wachstum. Kundalini-REIKI ist der Klassiker des Neuen Reiki und die Grundlage für eine solide Energiearbeit. Man kann Kundalini-REIKI erlernen, ohne einen anderen Reiki Grad zuvor erworben zu haben. Ein Rundum-Paket, das eine perfekte Alternative zum Usui-Reiki bietet und bereits im ersten Grad die Schwingung des 3. Grades im Usui-Reiki bietet.

Silke Wagner

Ahnentango – Eintauchen in die Urkraft der Ahnen

248 Seiten, A5, broschiert

ISBN 978-3-95531-187-2

Ahnen – wir ahnen etwas!

Wie nah sich diese Worte doch sind!

Ahnenarbeit ist ein wichtiger Baustein, um im Leben vorwärtszukommen. Unsere Vorfahren haben uns geprägt, aber wir haben vergessen, dass ihr Leben ein bedeutsamer Schlüssel für unser eigenes Leben ist. So tragen wir unter anderem unbewusste Ängste, Beziehungsmuster, finanzielle Probleme von unseren Ahnen auf unseren Schultern, die sich belastend auf uns und unseren Alltag auswirken können.

In „Ahnentango" vereinen sich zahlreiche, zum Teil sehr berührende, Fallbeispiele und Übungen aus der jahrelangen praktischen Arbeit der Autorin mit Ahnenaufstellungen, die zu zahlreichen AHA-Erlebnissen und einem bewussten Umgang mit diesem sensiblen Thema führen. Wir alle sind eingeladen, uns mit den Ahnen zu verbinden, Altes aufzulösen und unseren Frieden mit ihnen zu machen.

Bist du bereit?

Mit einem Vorwort von Martin Zoller!

Zora Gienger

Hochsensibel – Leben mit besonderen Gaben

192 Seiten, A5, broschiert

ISBN 978-3-95531-182-7

Dieses Buch ist für alle, die hochsensibel, empathisch und medial sind, ein wichtiger Leitfaden, um Ordnung in die Vielfalt menschlicher Wahrnehmungen zu bringen, sich selbst besser verstehen zu können und seine Gaben wahrhaftig zum Wohl der Schöpfung zum Einsatz zu bringen.

Wer hochsensibel ist, bringt ganz besondere Gaben in die Welt. Doch allzu oft empfinden hochsensible Menschen diese als Last und fühlen sich von ihren Wahrnehmungen überfordert.

Es ist ein Segen, endlich zu wissen, wie die eigenen Gaben bewusst für fließende Heilenergie sorgen können, wie neue Energiefelder erschaffen werden und wie man sich selbst mit Hilfe von Heilmassagen helfen kann, um sich wohl, glücklich und erfüllt zu fühlen.

Karina Maria Wohnig

Seelengärtnern

Spirituell-schamanische Innenweltreisen

200 Seiten, A5, broschiert

ISBN 978-3-95531-183-4

Die Reise in den Seelengarten ist dein Einstieg in die spirituell-schamanische Arbeit. Du lernst das Reisen in innere Welten, begegnest deinen GeistführerInnen, deinem Schutzengel, deinem Krafttier. Durch das Seelengärtnern bewegst du nicht nur deine innere Welt, sondern nimmst auch dein Schöpfertum an und führst dein reales Leben in die wahre Fülle. Zum guten Schluss lernst du das Erkennen und Nutzen von inneren Portalen, die dich weiter fortführen als ein Flugzeug oder Zug es je könnte. Und die große Reise durch das Universum, das du selbst bist, beginnt...

„Seelengärtnern" ist nicht nur eine Reise auf deinem persönlichen Lebensbaum, sondern ermöglicht es dir, noch einen Schritt weiterzugehen und einen Lichtfunken der Hoffnung für den ganzen Kosmos zu entzünden.

Sabine Skala

Die Kraft der Seele freischalten

Für ein glückliches und erfolgreiches Leben

152 Seiten, A5, broschiert

ISBN 978-3-95531-180-3

Unsere Seele ist die kraftvollste und mächtigste Energie, die wir in uns tragen. Sie ist die direkte Verbindung zu Gott, kennt unsere Lebensaufgabe, für die wir auf Erden gekommen sind, und steuert uns in genau die Situationen, die für unsere Entwicklung wichtig sind.

Die Autorin beschreibt, welche Fähigkeiten unsere Seele hat, was geschieht, wenn ihre Kraft freigeschaltet ist, wie wir Verbindung zu ihr aufnehmen und sie spüren können und warum es so wichtig ist, dass wir den Kontakt zu ihr pflegen und mit ihr in Einheit zusammenleben.

Ist die Seelenenergie jedoch blockiert, kann sie nicht mehr in unser Leben fließen. Mit der Freischaltung der Seele werden alle Blockaden und Ablagerungen aufgelöst, sodass unser göttliches Potenzial geöffnet wird und all das zum Vorschein kommt, was für uns bestimmt war.